人力资源管理理论与实务发展研究

过文仪　关光辉　姚灵杰◎著

经济日报出版社

北　京

图书在版编目（CIP）数据

人力资源管理理论与实务发展研究 / 过文仪，关光辉，姚灵杰著. -- 北京：经济日报出版社，2025.5
ISBN 978-7-5196-1461-4

Ⅰ．①人… Ⅱ．①过… ②关… ③姚… Ⅲ．①人力资源管理－研究 Ⅳ．①F243

中国国家版本馆CIP数据核字(2024)第031721号

人力资源管理理论与实务发展研究
RENLI ZIYUAN GUANLI LILUN YU SHIWU FAZHAN YANJIU

过文仪　关光辉　姚灵杰　著

出版发行　*经济日报*出版社

地　　　址：北京市西城区白纸坊东街 2 号院 6 号楼
邮　　　编：100054
经　　　销：全国各地新华书店
印　　　刷：廊坊市博林印务有限公司
开　　　本：710mm×1000mm　1/16
印　　　张：10.5
字　　　数：171 千字
版　　　次：2025 年 5 月第 1 版
印　　　次：2025 年 5 月第 1 次
定　　　价：78.00 元

前　言

　　人力资源管理，是指对人力资源的生产、开发、配置、使用等诸环节所进行的计划、组织、指挥和控制的管理活动。它是研究组织中人与人关系的调整，人与事的配合，以及充分开发人力资源潜能，调动人的积极性，提高工作效率和工作质量，实现组织目标的理论、方法、工具和技术。一个合格的人力资源管理部门，要对所获得的人力资源进行整合、调控及开发，并给予他们报酬，进而有效地利用。

　　本书全面深入地探讨了人力资源管理的理论与实践，从人力资源的基础概念入手，详细阐述了人力资源管理的核心职能，分析了人力资源的常规管理，如培训与开发、绩效管理、薪酬管理以及职业生涯规划，旨在提升员工能力与组织绩效。同时，书中对人力资源管理风险进行了系统论述，包括管理风险的流程、识别、评估与防控，以应对管理中的不确定性。本书还探讨了大数据技术如何革新人力资源管理实践，并着眼于新时期的人力资源管理创新与优化，讨论了数字经济下人力资源管理的转型和信息化建设，为人力资源管理专业人士提供理论与实践参考。

过文仪　关光辉　姚灵杰

2024 年 12 月

目　录

第一章　人力资源管理基础

第一节　人力资源

一、人力资源的含义

（一）资源

按照逻辑从属关系，人力资源属于资源这一大的范畴，是资源的一种具体表现形式。因此，在解释人力资源的含义之前，有必要先对资源进行简要的说明。

资源是人类赖以生存的物质基础，从不同的角度来分析会有不同的解释。从经济学的角度来看，资源是指能给人们带来新的使用价值和价值的客观存在物，泛指社会财富的源泉。自人类出现以来，财富的来源无外乎两类：一类是来自自然界的物质，可以称之为自然资源，如森林、矿藏、河流、草地等；另一类就是来自人类自身的知识和体力，可以称之为人力资源。在相当长的时期里，自然资源一直是财富形成的主要来源，但是随着科学技术突飞猛进的发展，人力资源对财富形成的贡献越来越大，并逐渐占据了主导地位。

从财富创造的角度来看，资源是指为了创造物质财富而投入生产过程的一切要素。法国经济学家让·巴蒂斯特·萨伊（Jean-Baptiste Say）认为，土地、劳动、资本是构成资源的三要素。奥地利著名经济学家约瑟夫·熊彼特（Joseph Alois Schumpeter）认为，除了土地、劳动、资本这三种要素之外，还应该加上企业家精神。随着社会的发展，信息技术的应用越来越广泛，其作用也越来越大，现在很多经济学家认为生产要素中还应该再加上信息。目前，伴随着知识经济的兴起，知识在价值创造中的作用日益凸显，因此也有人认为应当把知识作为一种生产要素单独加以看待。

（二）人力资源概述

"人力资源"一词最早是由美国管理学家彼得·德鲁克（Peter F. Drucker）于 1954 年在其创作的《管理的实践》一书中提出的。彼得·德鲁克认为，人力资源拥有当前其他资源所没有的素质，即"协调能力、融合能力、判断力和想象力"。经理们可以利用其他资源，但是人力资源只能自我利用——"人对自己是否工作绝对拥有完全的自主权"。随着彼得·德鲁克关于"人力资源"概念的提出，人事管理理论和实践的发展以及后工业时代中员工管理的不适应，使人事管理开始向人力资源管理转变。

20 世纪 60 年代以后，美国经济学家西奥多·舒尔茨（Theodore W. Schultz）和加里·斯坦利·贝克尔（Gary Stanley Becker）提出了现代人力资本理论，这一理论认为，人力资本是体现在具有劳动能力（现实或潜在）的人身上的、以劳动者的数量和质量（即知识、技能、经验、体质与健康）表示的资本，它是通过投资而形成的。人力资本理论的提出，使人力资源的概念更加广泛地深入人心。资本和自然资源是被动的生产要素。人是积累资本，开发自然资源，建立社会、经济和政治并推动国家向前发展的主动力量。自此，对人力资源的研究越来越广泛。

综合而言，人力资源是指那些体能、技能、智能健全，能够以各种有益于社会的脑力劳动和体力劳动创造财富，从而推动经济社会发展的人的总和。

二、人力资源的数量和质量

作为一种资源，人力资源同样也具有量的规定性和质的规定性。由于人力资源是依附于人的劳动能力，和劳动者密不可分，因此可以用劳动者的数量和质量来反映人力资源的数量和质量。

（一）人力资源的数量

1. 人力资源数量的计量

对于企业而言，人力资源的数量一般来说就是其员工的数量。

对于国家而言，人力资源的数量可以从现实人力资源数量和潜在人力资源数量两个方面来计量。潜在人力资源的数量，可依据一个国家具有劳动能力的人口数量加以计量。但是在现实中，劳动适龄人口内部存在一些丧失劳动能力的病残人口。此外，还存在一些因为各种原因暂时不能参加社会劳动的人口，如在校就读的学生。在劳动适龄人口之外，也存在一些具有劳动能力，正在从事社会劳动的人口，如我们经常看到的退休返聘人员。在计量人力资源时，对上述两种情况都应当加以考虑，这也是划分现实人力资源与潜在人力资源的依据。

按照上述思路，可以对一个国家的人口构成进行以下划分。

①处于劳动年龄之内、正在从事社会劳动的人口，它占人力资源的大部分，可称为"适龄就业人口"。

②尚未达到法定成年年龄、已经从事社会劳动的人口，即"未成年就业人口"。

③已经超过劳动年龄、继续从事社会劳动的人口，即"老年劳动者"或"老年就业者"。

以上三部分构成就业人口的总体，以往被称为劳动力人口。

④处于劳动年龄之内，具有劳动能力并要求参加社会劳动的人口，这部分可以称为"待业人口"，它与前三部分一起构成经济活动人口，即现实人力资源。

⑤处于劳动年龄之内、正在从事学习的人口，即"求学人口"。

⑥处于劳动年龄之内、正在从事家务劳动的人口。

⑦处于劳动年龄之内、正在军队服役的人口。

⑧处于劳动年龄之内的其他人口。

2. 影响人力资源数量的因素

由上面的分析可以看出，人力资源的数量受到多种因素的影响，概括起来主要有以下几个方面。

（1）人口的总量

人力资源属于人口的一部分，因此人口的总量会影响到人力资源的数量。人口的总量由人口基数和自然增长率两个因素决定，自然增长率又取决于出生率和死亡率。

（2）人口的年龄结构

人口的年龄结构也会对人力资源的数量产生影响，相同的人口总量下，不同的年龄结构会使人力资源的数量有所不同。劳动适龄人口在人口总量中所占的比重较大时，人力资源的数量相对会较多；相反，人力资源的数量相对会较少。

（二）人力资源的质量

人力资源是人所具有的智力和体力的总和，因此劳动者的素质就直接决定了人力资源的质量。人力资源质量的最直观表现，是人力资源或劳动要素的体质水平、文化水平、专业技术水平以及心理素质水平、道德情操水平等。此外，也可以用每百万人口中接受高等教育的人数、小学教育普及率、中学教育普及率、专业人员占全体劳动者比重等经济社会统计常用指标来表示。

劳动者的素质由体能素质和智能素质两部分构成。就劳动者的体能素质而言，又有先天的体质和后天的体质之分；智能素质包括经验知识和科技知识两个方面，而科技知识又可分为通用知识和专业知识两个部分，此外，劳动者的积极性和心理素质是发挥其体力和脑力的重要条件。

与人力资源的数量相比，其质量更为重要。人力资源的数量能反映出可以推动物质资源的人的规模，人力资源的质量则反映出可以推动哪种类型、哪种复杂程度和多大数量的物质资源。一般来说，复杂的劳动只能由高质量的人力资源来从事，简单的劳动则可以由低质量的人力资源从事。经济越发展，技术越现代化，对于人力资源质量的要求就越高，现代化的生产体系要求人力资源具有极高的质量水平。

三、人力资源与相关概念

（一）人力资源和人口资源、人才资源

人口资源是指一个国家或地区所拥有的人口总量。它是最基本的资源，一切人力资源、人才资源皆产生于其中，主要表现为人口的数量。

人才资源是指一个国家或地区中具有较多科学知识、较强劳动技能，在价值创造过程中起关键或重要作用的那部分人。人才资源是人力资源的一部分，即优质的人力资源。

应当说，人力资源、人口资源和人才资源这三个概念的本质有所不同，人口资源和人才资源的本质是人，而人力资源的本质则是智力和体力，从本质上来讲

它们之间并没有什么可比性。就人口资源和人才资源来说，它们关注的重点也不同，人口资源关注的是一种数量概念，而人才资源更多的是一种质量概念。

在数量上，人口资源是最多的，它是人力资源形成的数量基础，人口资源中具备一定智力资本和体能的那部分才是人力资源；而人才资源又是人力资源的一部分，是人力资源中质量较高的那部分，是具有特殊智力资本和体能的人力资源，也是数量最少的。

在比例上，人才资源是最小的，它是从人力资源中产生的；而人力资源又是从人口资源中产生的。

（二）人力资源和人力资本

"人力资源"和"人力资本"也是容易混淆的两个概念，很多人甚至将它们通用，其实这两个概念是有一定区别的。

1. 资本和人力资本

"资本"一词，语义上有三种解释：一是指掌握在资本家手里的生产资料和雇用工人的货币；二是指经营工商业的本钱；三是指谋取利益的凭借物。马克思则认为，资本是指那些能够带来剩余价值的价值。

人力资本是劳动者身上所具备的两种能力，一种能力是通过先天遗传获得的，由个人与生俱来的基因决定的；另一种能力是后天获得的，由个人经过努力学习而形成的。人力资本这种体现在具有劳动能力（现实或潜在）的人身上的、以劳动者数量和质量（即知识、技能、经验、体质与健康）表示的资本，是需要通过投资才能够获得的。

2. 人力资源和人力资本的关系

人力资源和人力资本是既有联系又有区别的两个概念。

应该说，人力资源和人力资本都是以人为基础而产生的概念，研究的对象都是人所具有的脑力和体力，从这一点看两者是一致的。而且，现代人力资源理论大都是以人力资本理论为根据的，人力资本理论是人力资源理论的重点内容和基础部分，人力资源经济活动及其收益的核算是基于人力资本理论进行的，两者都是在研究人力作为生产要素在经济增长和经济发展中的重要作用时产生的。

虽然这两个概念有着紧密的联系，但它们之间还是存在一定的区别。

首先，在与社会财富和社会价值的关系上，两者是不同的。人力资本是由投资形成的，强调以某种代价获得的能力或技能的价值，投资的代价可在提高生产力过程中以更大的收益收回。因此劳动者将自己拥有的脑力和体力投入生产过程中参与价值创造，就要据此来获取相应的劳动报酬和经济利益，它与社会价值之间应当是一种由因索果的关系。而人力资源则不同，作为一种资源，劳动者拥有的脑力和体力对价值的创造起了重要的贡献作用。人力资源强调人力作为生产要素在生产过程中的生产、创造能力，它在生产过程中可以创造产品、创造财富，促进经济发展。它与社会价值的关系应当说是一种由果溯因的关系。

其次，两者研究问题的角度和关注的重点也不同。人力资本是通过投资形成的存在于人体中的资本形式，是形成人的脑力和体力的物质资本在人身上的价值凝结，是从成本收益的角度来研究人在经济增长中的作用。它强调投资付出的代价及其收回，考虑投资成本带来多少价值，研究的是价值增值的速度和幅度，关注的重点是收益问题，即投资能否带来收益以及带来多少收益的问题。人力资源则不同，它将人作为财富的来源来看待，是从投入产出的角度来研究人对经济发展的作用，关注的重点是产出问题，即人力资源对经济发展的贡献有多大，对经济发展的推动力有多强。

最后，人力资源和人力资本的计量形式不同。众所周知，资源是存量的概念，而资本则兼有存量和流量的概念，人力资源和人力资本也同样如此。人力资源是指一定时间、一定空间内人所具有的对价值创造起贡献作用并且能够被组织利用的体力和脑力的总和。而人力资本，如果从生产活动的角度看，往往是与流量核算相联系的，表现为经验的不断积累、技能的不断提高、产出量的不断变化和体能的不断损耗；如果从投资活动的角度看，又与存量核算相联系，表现为投入教育培训、迁移和健康等方面的资本在人身上的凝结。

四、人力资源的特点

（一）主观能动性

主观能动性是指人力资源体力和智力的融合不仅具有主动性，而且还具有不断拓展的潜力。主观能动性表明人具有意识，知道活动的目的，因此可以有效地对自身活动做出选择，另外也表明人在各种活动中处于主体地位，可以支配其他一切资源。此外，人力资源的主观能动性还表明它具有自我开发性。在生产过程中，人一方面要发生自身损耗，另一方面则通过自身的合理行为，使自身的损耗得到弥补、更新和发展；其他资源则没有这种特性。最后，人力资源在各种活动中是可以被激励的，也就是说可以通过提高人的劳动能力和劳动动机来提高劳动效率。

（二）时效性

人力资源的时效性是指人力资源要在一定的时间段内开发，超过这一时期，可能就会荒废和退化。人具有生产劳动的能力，但是随着年龄的增长和环境的变化，这种能力会随之发生变化。人在每个年龄段的工作能力都会有所差异，不及时使用和开发就会失去其固有的作用和能力。人的生命是有限的，随着时间的推移，劳动技能会发生衰退，智力、知识和思维也会发生转变。

（三）增值性

与自然资源相比，人力资源具有明显的增值性。一般来说，自然资源是不会增值的，只会因为不断地消耗而逐渐"贬值"。人力资源则不同，人力资源是人所具有的脑力和体力，对单个人来说，他的体力不会因为使用而消失，只会因为使用而不断增强，当然这种增强是有一定限度的；他的知识、经验和技能也不会因为使用而消失，相反会因为不断地使用而更有价值。也就是说，在一定的范围内，人力资源是不断增值的，创造的价值会越来越多。

（四）两重性

人力资源既是投资的结果，又能创造财富，具有既是生产者又是消费者的两重性。人力资源投资的程度决定了人力资源的质量。研究表明，对人力资源的投资无论是对社会还是对个人所带来的收益要远远大于对其他资源的投资所产生的收益。

（五）社会性

自然资源具有完全的自然属性，不会因为所处的时代、社会不同而有所变化，比如，古代的黄金和现代的黄金是一样的，中国的黄金和南非的黄金也没有什么本质的区别。人力资源则不同，人所具有的体力和脑力明显受到时代和社会因素的影响，从而具有社会属性。

五、人力资源的作用

（一）人力资源是财富形成的关键要素

人力资源是社会经济运动的基本前提。从宏观的角度看，人力资源不仅在经济管理中必不可少，而且是组合、运用其他各种资源的主体。也就是说，人力资源是能够推动和促进各种资源实现配置的特殊资源。也因此，人力资源是一种最重要和最宝贵的资源。它不仅与自然资源一起构成了财富的源泉，而且在财富的形成过程中发挥着关键作用。

社会财富由对人类的物质生活和文化生活具有使用价值的产品构成，因此自然资源不能直接形成财富，还必须有一个转化的过程，人力资源在这个转化过程中起到了重要的作用。人们将自己的脑力和体力通过各种方式转移到自然资源上，改变了自然资源的状态，使自然资源转变为各种形式的社会财富，在这一过程中，人力资源的价值也得以转移和体现。应该说，没有人力资源的作用，社会财富就无法形成。

（二）人力资源是经济发展的主要力量

人力资源不仅决定着财富的形成，而且是推动经济发展的主要力量。随着科学技术的不断发展，知识技能的不断提高，人力资源对价值创造的贡献越来越大，社会经济发展对人力资源的依赖程度也越来越高。

（三）人力资源是企业的首要资源

在现代社会中，企业是构成社会经济系统的细胞单元，是社会经济活动中最基本的经济单位，是价值创造最主要的组织形式。企业的出现，是生产力发展的结果，而它反过来又极大地提高了生产力的水平。

通过以上分析可以得知，无论是对社会还是对企业而言，人力资源都发挥着极其重要的作用，需要引起我们的高度重视，创造各种有利的条件以保证其作用的充分发挥，从而实现财富的不断增加、经济的不断发展和企业的不断壮大。

第二节 人力资源管理

一、人力资源管理的含义

人力资源管理这一概念，是在德鲁克提出人力资源的概念之后出现的。1958年，怀特·巴克（Wight Bakke）出版了《人力资源功能》一书，首次将人力资源管理作为管理的普通职能加以论述。此后，随着人力资源管理理论和实践的不断发展，国内外产生了人力资源管理的各种流派，他们从不同的层面对人力资源管理的概念进行了阐释。

人力资源管理是指为了达到组织的总体目标，运用现代科学的技术方法，通过对组织的人和事的管理，协调好人与事的关系，处理好人与人之间的矛盾，充分发挥人的潜能，对人力资源进行获取、开发、整合和调控的过程。人力资源管理包括人力资源规划、人员招聘与培训、薪酬体系的制定及绩效考核等方面的内容。

二、人力资源管理的功能

尽管人力资源管理的功能和职能在形式上可能有些相似，但两者在本质上是不同的。人力资源管理的功能指人力资源管理自身应该具备或者发挥的作用，而按照前面对管理职能的解释，人力资源管理的职能则是指它所要承担或履行的一系列活动，人力资源管理的功能是通过它的职能来实现的。确切地说，人力资源管理的功能是指人力资源管理自身所具备或应该具备的作用，这种作用并不是相对于其他事物而言的，而是具有一定的独立性，反映了人力资源管理自身的属性。人力资源管理的功能主要体现在四个方面：吸纳、维持、开发、激励。

吸纳功能主要是指吸引并让优秀的人才加入本企业；维持功能是指让已经加入的员工继续留在本企业；开发功能是指让员工保持能够满足当前及未来工作需要的技能；激励功能则是指让员工在现有的工作岗位上创造出优良的绩效。

就这四项功能之间的相互关系而言，吸纳功能是基础，它为其他功能的实现提供了条件，不将人员吸引到企业中来，其他功能就失去了发挥作用的对象；激励功能是核心，是其他功能发挥作用的最终目的，如果不能激励员工创造出优良的绩效，其他功能的实现就失去了意义；开发功能是手段，只有让员工掌握了相应的工作技能，激励功能的实现才会具备客观条件，否则就会导致员工"心有余而力不足"；维持功能是保障，只有将吸纳的人员保留在企业中，开发和激励功能才会有稳定的对象，其作用才可能持久。

三、人力资源管理的目标

人力资源管理目标是指企业人力资源管理需要完成的职责和需要达到的绩效。人力资源管理既要考虑组织目标的实现，又要考虑员工个人的发展，强调在实现组织目标的同时实现个人的全面发展。人力资源管理目标包括全体管理人员在人力资源管理方面的目标任务与专门的人力资源部门的目标任务。具体来说，这些目标任务主要有以下几个方面。

第一，获取并保持适合组织发展的人力资源。人才是企业最重要的资源。在日益激烈的商业竞争中，拥有比对手更优秀、更忠诚、更有主动性与创造力的人才，是构建企业差异竞争战略优势的宝贵因素。然而，人才资源始终是一种稀缺资源，随着社会和科技的发展与进步，人才的竞争也变得日益激烈。人力资源管理工作的首要目标就是为组织获取符合其发展需要的数量和质量的劳动力和各种专业技术人员，这是开展其他工作的基础。很多企业在吸引人才方面都不惜重金，投入巨大。

第二，保持人才资源队伍的稳定性是人力资源管理的又一重要目标。近些年来，企业的人才流失率节节攀升。人才的流失不但会影响企业的正常运转，还会增加开支，降低工作效率。保持人才资源队伍的稳定性最主要的是提高他们的工资和福利，提供安全且舒适的工作环境和未来的发展空间。同时要加强对员工的关怀及情感上的联系。

第三，提高组织效率或经营绩效，不断获取新的竞争优势。组织效率或经营绩效与员工有着直接的联系。加强人力资源管理的目标就是通过提升员工技能、规范员工行为以及鼓励创新等方式提高员工的绩效，从而提高组织效率或经营绩效。

第四，塑造良好的企业形象。企业形象是指人们通过企业的各种标识和行为的认知，而建立起来的对企业的总体印象。企业形象是企业精神文化的一种外在表现形式，是社会公众在与企业接触交往过程中所感受到的总体印象。这种印象是通过人体的感官传递获得的。

第五，培育和创造优秀的组织文化。组织文化由其价值观、信念、仪式、标识、行为准则等部分组成。企业员工受组织文化的影响，同时也能反作用于组织文化。例如，高层管理人员的综合素质、行为举止要与组织文化保持一致，这样才能使文化得以传播与发展。否则，组织文化会在高层管理人员的影响下慢慢发生变化，并演变成新的组织文化类型。全体员工认可组织文化本身的精髓，文化才能发展，否则，组织文化可能会发生变化，要么员工改变了文化，要么组织文化导致人员流失、运营艰难、企业倒闭。因此，优秀的组织文化对员工产生的是积极向上的正面影响，而不合理的组织文化对组织产生的是负面影响，有时甚至是致命的影响。

四、人力资源管理的原则

人力资源管理的最终目的是要做到人尽其才，才尽其用，人事相宜，最大限度地发挥人力资源的作用，以配合实现组织的总目标。如何实现科学合理的配置，是人力资源管理长期以来亟待解决的一个重要问题。如何才能对企业人力资源进行有效合理的配置呢？必须遵循以下几项原则。

（一）能级对应原则

合理的人力资源配置应使人力资源的整体功能加强，这就要求人的能力与岗位要求相对应。企业岗位有层次和种类之分，处于不同的能级水平。每个人也都具有不同水平的能力，在纵向上处于不同的能级位置。

（二）权变原则

人的发展受先天素质的影响，更受后天实践的制约。后天形成的能力不仅与本人的努力程度有关，也与实践的环境有关，人的感情、行为及素质也是多变的。因此，人的能力的发展是不平衡的，其个性也是多样化的。每个人都有自己的长处和短处，有其总体的能级水准，同时也有自己的专业特长及工作爱好。

（三）动态调整原则

动态调整原则是指当人员或岗位要求发生变化的时候，要适时地对人员配备进行调整，以保证始终使合适的人工作在合适的岗位上。岗位或岗位要求是不断变化的，人也是在不断变化的，人对岗位的适应也有一个认识与实践的过程。由于种种原因，能级不对应，用非所长等情形时常发生。

（四）普选人才原则

现在企业的竞争，已不再是一国之内的同行竞争，许多国际巨头并不排斥引入必要的外部人才。当确实需要从外部招聘人才时，就不能"画地为牢"，局限于企业内部。

五、人力资源管理人员的胜任力

根据人力资源管理者在企业中所扮演的角色和起到的作用，一位合格的人力资源从业人员须拥有相应的素质、专业知识和其他领域的知识。

（一）具备的素质

1. 培养人才

培养人才是人力资源管理人员所应具备的关键素质之一。它具体体现为，人力资源管理人员要成为"教练员"，就必须能够制定并宣讲人力资源的政策和制度，帮助各级主管承担激发下属潜能、培养人才和贯彻执行人力资源制度的责任。在面向员工的时候，能成为"咨询师"，为员工答疑解惑。

2. 影响力

影响力主要体现在与员工建立彼此信任并达成共识的基础上，成为员工利益的代言人；同时作为人力资源管理领域的专家，依赖专业权威性影响与推动企业的变革，发挥人力资源管理对企业运营实践的支持作用等方面。

3. 人际理解力

如果人力资源管理人员无法敏感地倾听与理解员工的需求，无法基于企业与员工的需要提供人力资源的产品与服务，那么人力资源管理的价值就无法体现。

4. 客户服务

客户服务素质是建立在人际理解力基础上的，具体表现在倾听并积极响应客户（包括内部员工与外部客户）提出的问题与需求，并就此提供一系列的人力资源产品与服务，从而获得客户的满意。

5. 团队合作

团队从一定意义上说也可以看成一种培养与开发人才的有效方式。同时为促进人力资源管理部门履行其对企业经营决策的支持以及员工价值管理的职责，团队合作提供了沟通、分享与支持的平台。

（二）专业知识

1. 人力资源战略与企业文化

根据企业的发展规划，诊断企业现有人力资源状况，结合企业经营发展战略，对未来的人力资源需求和供给状况进行分析及估计，把人力资源战略与企业文化紧密地结合起来。

2. 组织结构设计

根据企业战略目标、资源状况、现有的核心流程以及同行企业的最佳实践模式，分析公司的组织结构，设计企业组织结构。

3. 流程分析与流程再造

流程是组织内部从供应商到客户的价值增长过程。流程的有效性与效率将直接影响到组织的有效性、效率与客户满意度。

4. 工作分析

工作分析是人力资源管理的一项传统的核心职能与基础性工作。一份好的职位说明书无疑是一幅精确的"企业地图",指导着人力资源方方面面的工作。

5. 基于战略的绩效管理

绩效问题是任何公司都面临的长期挑战,人力资源从业者必须掌握绩效管理与绩效目标分解的工具和方法、绩效制度设计与基本操作、绩效目标设定与分解等相关知识。

6. 全面薪酬战略体系

考虑薪酬的不同要素该如何正确组合才能有效地发挥薪酬的作用。薪酬管理是有效支持公司的战略和提升公司价值的方法和工具。

7. 能力管理

建立素质模型,将素质模型应用到人力资源管理的不同领域,从而真正将人力资源管理回归到建构组织能力和人力资源开发利用上。

8. 招聘

制定人才选择战略,进行准确的工作和胜任特征分析,有效地进行人力资源分析与规划,对应聘者的专业技能及综合能力进行评估,对招聘成本进行评估。

9. 培训体系的建立与管理

培训是促成"以人为本"的企业文化的重要手段,制订有效的年度培训计划是人力资源管理人员目前面临的一项严峻的挑战。

(三) 其他领域的知识

企业在选择人力资源管理人员时,一般比较注重对候选人所掌握的专业知识的考查。但是,人力资源管理人员要参与企业的战略决策,要与总经理和其他业务部门沟通,仅仅具备人力资源方面的专业知识显然是远远不够的。他还必须掌握其他领域的知识,这样才能符合新时期一个合格的人力资源管理人员的要求,成为企业的战略合作伙伴和企业的人力资源管理领域的技术专家。相关知识包括组织行为学、心理学、项目管理学、经济学、统计学、市场营销学、财务管理学、生产管理学、战略学、相关法律法规等。

六、人力资源管理与传统人事管理的区别

人事管理的起源可以追溯到非常久远的年代，对人和事的管理是伴随组织的出现而产生的。20 世纪 70 年代后，人力资源在组织中所起的作用越来越大。传统的人事管理已经不适用，它从管理的观念、模式、内容、方法等全方位向人力资源转变。从 20 世纪 80 年代开始，西方人本主义管理的理念与模式逐步凸显出来。人本主义管理，就是以人为中心的管理。人本主义管理被作为组织的第一资源，现代人力资源管理便应运而生。现代人力资源管理与传统的人事管理的差别已经不仅是名词的转变，两者在性质上也有着本质的转变。

现代人力资源管理与传统人事管理的主要区别如下。

（一）管理的视角不同

传统的人事管理视人力为成本，而现代人力资源管理不仅认为人是一种成本，而且视人力为四大资源中的第一资源，通过科学管理可以升值和增值。

（二）管理的重点不同

传统的人事管理只强调人与事的配合，而现代人力资源管理更注重共事人之间人际关系的和谐与协调，特别是劳资关系和专业技术人员间的协调。

（三）管理的层次不同

传统的人事管理一般都处于执行层，而现代人力资源管理一般都是进入决策层的，人事活动的功能多元化。

（四）管理的广度不同

传统的人事管理只注重管好自有人员，而现代人力资源管理不仅要管好自有人员，还必须对组织现今和未来各种人力资源的要求进行科学的预测和规划。

（五）管理的深度不同

传统的人事管理只注重用好职工的显能，发挥人的固有能力，而现代人力资

源管理则注重开发职工的潜能，以不断激发其工作动机。

（六）管理的形态不同

传统的人事管理一般都采用高度专业化的个体静态管理，而现代人力资源管理则采用灵活多样的整体动态管理，给职工创造施展自身才华的机会和环境。

（七）管理的方式不同

传统人事管理的方法机械单一，而现代人力资源管理的方法则灵活多样，是科学理性与人文精神在现代管理理论中有机结合的典范。

（八）管理部门的性质不同

传统的人事管理部门属于非生产、非效益部门，而现代人力资源管理部门逐渐成为生产和效益部门。

七、人力资源管理的内容

企业的人力资源管理，是指企业对于人力资源的一系列管理活动。这些活动主要包括企业人力资源规划、薪酬管理、人员招聘与配置、员工培训管理、绩效管理、劳动关系管理等，即企业运用现代管理方法，对人力资源的获取（选人）、开发（育人）、利用（用人）和保持（留人）等方面所进行的计划、组织、指挥、控制和协调等一系列活动。在企业的实践过程中，人力资源管理可简单概括为"选、育、用、留"，是最终达到实现企业和员工共同发展目标的一种管理行为。

在选才方面，首先要制定企业的人力资源管理规划。然后，在人力资源管理规划的指导下，通过合适的方式和渠道来招聘与甄选员工，进行人力资源的供需平衡。将合适的人配置在适合的岗位上，同时将人才信息纳入人力资源管理信息系统。

在育才方面，建立学习型组织，健全终身培训的体制。通过培训管理，使员工不断更新知识，积累不同的经验，帮助他们提高知识水平和技能，以便在今后的经营活动中能适应企业发展的需要。对企业今后发展所需要的中坚力量，企业要加大培训力度，使之成为人力资本。

在用才方面，当企业的人力资源管理工作进行到一定的阶段时，就必须对多层次员工的工作绩效进行评估考核，纠正他们工作中的失误，肯定他们工作中的成绩，并就员工下一阶段的工作达成上下级的共识，以便于员工形成下一轮的工作计划。在企业与员工互相匹配发展的过程中，要不断沟通，解决冲突，消除两者共同发展的障碍，形成互为动力的综合发展途径。

在留才方面，对于企业来说，辛辛苦苦培育的员工不能留在企业里工作，将是企业的一大损失。因此，及时激励员工对于企业的发展至关重要，其中包括薪酬方面的激励、福利方面的激励和精神等其他方面的激励。对于优秀员工，要加大激励的力度，让员工感觉到被认可，提升其归属感。企业与员工需要长期的了解，才能达成默契，使员工心甘情愿留在公司，为实现公司的目标而努力工作。

最后，根据人力资源系统的整体运作情况，企业需要调整或者重新制订适合自身的人力资源发展战略和计划，为下一阶段人力资源管理活动再次奠定基础。

第三节　人力资源规划

一、人力资源规划概述

（一）人力资源规划的含义

人力资源规划（Human Resource Plan，HRP）又称人力资源计划，是指在组织发展战略和经营规划的指导下，预测和分析员工的供需平衡，以满足组织在不同发展阶段对员工的需求，为组织的发展提供符合质量和数量要求的人力资源保证。简单来说，人力资源规划是对组织在某个时期内的员工供给与需求进行预测，并根据预测的结果采取相应的措施来平衡人力资源的供需。

（二）人力资源规划的作用

人力资源规划是连接公司组织战略和人力资源管理具体措施的纽带，具有承上启下的作用。具体来讲，人力资源规划有以下四项突出功能。

1. 公司组织战略目标实现的保障

人力资源规划是公司组织的战略目标在人力资源供需（包括数量、质量和结构）等方面的分解，与公司组织在其他方面的规划，如生产计划、营销计划、财务计划等共同构成公司组织目标体系。

2. 公司组织人力资源管理的基础

人力资源规划规定了公司组织在人力资源管理方面的具体行动方案，是公司组织人力资源管理的基础。人力资源规划的各项业务计划为工作分析提供依据，是员工配置的基础，引导公司组织有针对性地进行人员储备，对公司组织急需的人才发出引进和培训预警，为员工职业发展道路的设计提供依据。

3. 有助于调动员工的积极性

在人力资源规划制定与实施的过程中，员工可以看到公司组织的发展远景和自己的发展前景，可以据此设计自己的职业生涯，确立职业发展方向，从而有助于调动员工的积极性。

4. 公司组织人工成本控制的手段

随着公司组织的不断成长和壮大，人工成本必定也不断发生变化。通过人力资源规划，预测和控制公司组织人员的变化，逐步调整公司组织人员的结构，使之尽可能合理化，就可以把人工成本控制在一个合理的水平上。

（三）人力资源规划的内容

人力资源规划有狭义与广义之分。狭义的人力资源规划，是指组织从战略规划和发展目标出发，根据其内外环境的变化，预测组织未来发展对人力资源的需求，以及为满足这种需求所提供的人力资源的活动过程。简单地说，狭义的人力资源规划即进行人力资源供需预测并使之平衡的过程，实质上是组织各类人员的补充规划。广义的人力资源规划是组织所有人力资源计划的总称。

人力资源规划包含两个层次的内容：总体规划与各项业务计划。人力资源总体规划是对有关计划期内人力资源开发利用的总目标、总政策、实施步骤和总预算的安排。人力资源规划所属的业务计划则包括人员补充计划、人员使用计划、提升与降职计划、教育培训计划、薪资计划、劳动关系计划、退休解聘计划等。

（四）人力资源规划的类别

按照规划涉及时间的长短，人力资源规划可分为长期规划、中期规划和短期规划三种。

长期规划指跨度为5~10年或以上的具有战略意义的规划，它为组织人力资源的发展和使用状况指明了方向、目标和基本政策。长期规划的制定需要对内外环境的变化进行有效的预测，才能对组织的发展具有指导性的作用。长期规划比较抽象，可能随内外环境的变化而发生改变。

短期规划的时间跨度一般为1年。与长期规划相比，短期规划对各项人事活动要求明确，任务具体，目标清晰。

中期规划一般为1~5年的时间跨度，其目标、任务的明确与清晰程度介于长期和短期两种规划之间。

规模较小的组织不适于拟定详细的人力资源规划，因为其规模小，各种内外环境对其影响较大，规划的准确性差，制定的人力资源规划的指导作用也就难以得到体现。另外，小组织的规划成本较高，进一步增加了企业的总体成本。

（五）人力资源规划的原则

在制定人力资源规划时，要注意以下三个基本原则。

1. 应充分考虑内外部环境的变化

人力资源规划只有充分地考虑内外环境的变化，才能适应需要，真正地做到为组织目标服务。内部变化主要是指销售的变化、开发的变化、组织发展战略的变化、公司员工流动的变化等；外部变化指社会消费市场的变化、政府有关人力资源政策的变化、人才市场供需矛盾的变化等。

2. 要确保组织的人力资源保障

组织的人力资源保障问题是人力资源规划中应解决的核心问题。它包括人员的流入预测、人员的流出预测、人员的内部流动预测、社会人力资源需求和供给状况分析、人员流动的损益分析等。只有有效地保证对组织的人力资源供给，才可能进行更深层次的人力资源开发与管理。

3. 使组织和员工都得到长期利益

人力资源规划不仅是面向组织的规划，也是面向员工的规划。组织的发展和员工的发展是互相依托、互相促进的关系。如果只考虑组织的发展需要而忽视了员工的发展需要，则会有损组织发展目标的达成。

二、人力资源供需综合平衡

在预测了人力资源的需求与供给之后，人力资源规划就必须对人力资源的供求关系进行综合平衡，如出现不平衡，则要做出调整，使之趋于平衡。人力资源供给与需求预测的结果一般会出现以下三种可能：人力资源供大于求；人力资源供不应求；人力资源供求总量平衡，结构不平衡。针对这三种不同的情况，组织应采取以下措施。

(一) 人力资源供大于求时

①撤销、合并臃肿的机构，减少冗员。这在一定程度上可以提高人力资源的利用率。

②辞退劳动态度差、技术水平低、劳动纪律观念不强的员工。

③加强培训工作，使员工掌握多种技能，增强他们的择业能力，鼓励员工在组织内部合理流动。同时，通过培训也可为组织的发展储备人力资本。

④减少员工的工作时间，降低员工的工资水平。如可采用多个员工分担以前只需一个或少数几个人就可完成的工作，组织按完成工作量来计发工资。这是西方组织在经济萧条时经常采用的一种解决组织临时性人力资源过剩的有效方法。

(二) 人力资源供不应求时

①内部调剂。可将某些符合条件而又相对富余的人员调往空缺职位，也可通过培训与晋升的方法补充空缺职位。

②外部招聘。对组织内部无法满足的某些职位的人员需要，有计划地进行外部招聘。

③如果短缺现象不严重，且本组织员工又愿意延长工作时间，则可根据《中华人民共和国劳动法》（以下简称《劳动法》）有关规定，制订延长工时并适当

增加报酬的计划。

④制订聘用非全日制临时工计划。如返聘已退休者，或聘用小时工等。

⑤工作再设计。工作再设计主要是通过工作扩大化，使员工做更多的工作，这样不仅能降低员工的单调感和厌烦情绪，而且也提高了人力资源的利用率。

总之，以上措施虽是解决组织人力资源短缺的有效途径，但是最有效的方法是通过激励及培训提高员工的业务技能，改进工艺设计，以此调动员工的积极性，提高劳动生产率，减少对人力资源的需求。

(三) 人力资源供求总量平衡、结构不平衡时

当组织中人力资源在供求总量上是平衡的，但因人员结构不合理，造成某些职位空缺或人员不足时，组织应根据具体情况制订针对性较强的业务计划，如晋升计划、培训计划等，改变结构不平衡的状况。

应当指出的是，组织在制订平衡人力资源供求的措施时，不可能是某种情况单独出现，而是不同部门、不同层次的不同情况同时出现。所以，应具体情况具体分析，制订出相应的人力资源规划，使各部门人力资源在数量、质量、层次、结构等各方面达到协调与平衡。

三、人力资源规划制定程序

一般来说，人力资源规划的过程包括四个步骤：准备阶段、预测阶段、实施阶段与评估阶段。

(一) 准备阶段

信息资料是制定人力资源规划的依据，要想制订出一个有效的人力资源规划，就必须获得丰富的相关信息。影响人力资源规划的信息主要有以下几种。

1. 外部环境信息

外部环境信息主要包括两类：一类是宏观经营环境的信息，如经济、政策、文化、教育以及法律环境等。由于人力资源规划与组织的生产经营活动密切相关，所以这些影响组织生产经营的因素都会对人力资源的供给与需求产生作用。另一类是直接影响人力资源供给与需求的信息，如外部劳动力市场的政策、结

构、供求状况，劳动力择业的期望与倾向，政府的职业培训政策、教育政策以及竞争对手的人力资源管理政策等。

2. 内部环境信息

内部环境信息包括两个方面：一是组织环境信息，如组织发展战略、经营计划、生产技术以及产品结构等；二是管理环境信息，如组织的结构、管理风格、组织文化、管理结构、管理层次与跨度及人力资源管理政策等。这些因素都决定着组织人力资源的供给与需求。

3. 现有人力资源信息

现有人力资源信息即对组织内部现有人力资源的数量、质量、结构和潜力等进行调查后得到的信息，包括员工的自然情况、录用资料、教育资料、工作经历、工作能力、工作业绩记录和态度记录等方面。组织人力资源的状况直接关系到人力资源的供需状况，对于人力资源规划的制定有直接的影响，只有及时准确地掌握组织现有人力资源信息，人力资源规划才更有效。

（二）预测阶段

预测阶段的主要任务是在充分掌握信息的前提下选择使用有效的预测方法，对组织在未来某一时期的人力资源供给与需求做出预测。人力资源的供需达到平衡，是人力资源规划的最终目的，进行需求与供给的预测就是为了实现这一目的。在整个人力资源规划过程中，预测阶段是最为关键的一部分，也是难度最大的一个阶段，直接决定着人力资源的规划是否能够成功。人力资源管理人员只有准确地预测出人力资源的需求与供给，才能采取有效的平衡措施。

（三）实施阶段

在需求与供给的基础上，人力资源管理人员根据两者的平衡结果，制定人力资源的总体规划和业务规划，并制定出实施平衡需要的措施，使组织对人力资源的需求得到满足。需要说明的是，人力资源管理人员在制定相关措施时，应当使人力资源的总体规划和业务规划与组织的其他规划相互协调，这样制定的人力资源规划才能有效实施。

（四）评估阶段

对人力资源规划实施效果进行评估是整个规划过程的最后一个阶段。由于预测不可能做到完全正确，因此人力资源规划也需要进行修订。在实施过程中，要随时根据变化调整需求与供给的预测结果，以及平衡供需的措施。同时对预测的结果及制定的措施进行评估，分析预测的准确性和措施的有效性，吸取经验教训，为以后的规划提供借鉴和帮助。

第二章　人力资源的管理实务

第一节　培训与开发

一、培训与开发概述

培训与开发是提升企业员工业绩的主要方法，也是员工职业生涯发展的主要途径。通过培训与开发，有助于达成企业的经营业绩，推动企业高质量发展。

（一）培训与开发的含义和作用

1. 培训与开发的含义

培训是指通过传授知识、更新观念及提高技能等方法，使其具备完成本岗位目前或未来工作所必需的基本技能，及提高工作绩效的一系列活动。通过培训，员工的工作能力和知识水平得以提升，带来了工作业绩的提升，从而实现企业的经营业绩。

开发是依据员工需求与组织发展目标用各种直接的或间接的方法对员工的潜能进行开发，促进员工的全面发展，完成员工职业生涯规划，实现员工职业生涯发展目标。

人力资源管理过程就是人力资源开发过程，人力资源开发的过程是从广义上调动员工的积极性，利用各种手段促进员工发展的各种活动，包括一些间接手段和自我提升的方法；而培训是从狭义的角度通过直接的外部刺激来提高员工的工作绩效。所以，人力资源开发过程涵盖了培训。

在实际操作中，培训与开发并没有绝对的区分，两者都是为了通过提升员工的工作能力来促进员工和企业的共同发展。

2．培训与开发的作用

培训与开发的作用体现在两个方面，一是通过培训与开发向员工传授新技能、新方法使员工适应科学技术和市场的不断发展变化；二是通过培训开发来强化企业文化，使员工明确企业的发展战略和目标，对企业有更高的认同感，增强企业的凝聚力。

（1）培训与开发对企业发展的作用

①培训与开发可以促进企业的发展。培训与开发的基本功能是使员工具有更好的工作技能和工作方法，而员工业务素质的提升是提高企业经营业绩的前提。一个竞争力较强的企业必须有一支业务过硬的员工队伍和具备良好管理能力的团队，只有员工整体的综合能力不断提升，企业的核心竞争力才能不断增强，培训与开发就是企业发展的动力源泉。

②培训与开发有利于弘扬企业文化。一个企业的灵魂是优秀的企业文化，企业文化的建设对企业的发展具有重要作用，企业的经营理念、发展战略与企业文化密不可分，弘扬企业文化的主要手段和方法就是培训与开发。培训与开发使员工对企业文化具有更加深入的认识，使企业精神融入员工的工作方式和行为之中，推动企业的发展壮大。

（2）培训与开发对员工职业生涯不同阶段的作用

培训与开发同员工职业生涯发展关系密切，处于不同职业生涯发展阶段的员工，培训开发的侧重点也不同。

对于新员工的培训，以企业理念、企业文化和岗位技能为主，目的是使员工适应企业环境，尽快进入工作角色。

对于在职员工的培训，应结合各类员工的工作绩效，对其影响绩效实现的不足方面进行查漏补缺式培训，目的是提升其工作绩效，使员工的发展目标与企业的要求相一致。

（3）培训与开发同人力资源管理其他业务流程的作用

培训与开发同人力资源管理其他环节关系密切，相辅相成。

培训计划的制订和实施以人力资源规划为基础，在企业发展目标既定的情况下，分析企业的实际情况，将人力资源规划进行细化，制订符合企业实际情况的培训方案并实施。同时，培训计划也是制订人力资源规划的基础。新招聘的员工通过岗前培训胜任岗位，当岗位有空缺时进行提升培训，绩效考核前对管理人员进行绩效管理培训，绩效考核后对绩效较差的员工进行培训。培训已成为企业中一种非常有效的激励手段。

（二）培训与开发的类型和方法

培训与开发的类型和方法很多，随着科学技术的发展，新的培训方法层出不穷。从一般意义上根据培训与开发的内容和特点，可以将企业的培训分为两大类：入职培训和岗位培训。根据企业的经营特点和实际情况，可以进行具体的分类组合。

1. 入职培训

入职培训也被称为入职教育、上岗引导活动、上岗培训。指根据员工将要出任的岗位要求对员工进行的系统性培训。入职培训对员工起到了明确岗位要求的基础性作用，可以缩短新员工的适应期，培训的立足点是岗位要求，而非员工之间的个性化差异，所以这类培训具有非个性化培训的特点。根据培训目的的不同，可将入职培训分为三类。

（1）新员工培训

①新员工培训的含义。新员工培训是企业最普遍的一种培训类型，是指新员工在通过招聘录用的各项筛选后正式进入企业，与企业签订劳动合同后所进行的培训。

现实中有一些企业将新员工培训提前，并作为一种筛选人才的手段和方法，待培训完成后，将不合格员工淘汰，剩余员工才算正式进入企业，这种做法以降低招聘风险、节约企业的人工成本为借口而损害了应聘者的利益，从一定程度上浪费了应聘者大量的时间。此外，新员工培训的时间性应十分明确，这不仅关系到培训的效果，还直接影响到新员工的适应能力和工作表现。

②新员工培训的意义。

A. 新员工培训对企业的意义。如果说招聘是对新员工管理的开始，那么新员工培训是企业对新员工管理的继续。这种管理的重要性在于通过将企业的发展历史、发展战略、经营特点及企业文化和管理制度介绍给新员工，对员工进入工作岗位有很大的激励作用，新员工明确了企业的各项规章制度后，可以实现自我管理，节约管理成本。

通过岗位要求的培训，新员工能够很快胜任岗位，对提高工作效率，取得较好的工作业绩，起到事半功倍的效果。

通过新员工培训，管理者对新员工更加熟悉，为今后的管理打下了基础。

B. 新员工培训对个人的意义。新员工培训对于个人来说是对企业进一步了解和熟悉的过程，通过对企业的进一步熟悉和了解，一方面，可以缓解新员工对新环境的陌生感和由此产生的心理压力；另一方面，可以降低新员工对企业不切合实际的期待，正确看待企业的工作标准、工作要求和待遇，顺利通过磨合期，在企业长期工作下去。

新员工培训是新员工职业生涯的新起点，新员工培训意味着新员工必须放弃原有的与现在的企业格格不入的价值观、行为准则和行为方式，适应新组织的行为目标和工作方式。

③新员工培训的内容。新员工培训的内容灵活多样，一般来说，包括如下几个方面：

A. 企业概况。企业的发展历史、发展战略和目标、行业背景和特点、经营特点和竞争对手、市场区域划分、产品特点、服务理念、企业文化、规章制度、行为规范和共有价值观等。

B. 企业制度。包括企业行政、财务及人力资源管理等各种规章制度及各项规定。如就职规则、薪酬制度、工作时数、员工福利、劳资关系、就职合同、保密协议等。与员工自身密切相关的加班制度、轮班制度、工作费用报销规定、节日工资标准、发薪方式、纳税方法及安全保障等。

C. 业务知识。结合岗位特点，对业务知识和技能及管理实务开展专项培训。

D. 员工职业生涯发展规划。使员工了解企业为其设置的职业生涯通道，根据自身的情况和将要从事的岗位，选择适合自身的发展方向，促进员工与企业的共同发展。

④新员工培训的方法。

A. 两步法：将新员工培训分为集训和岗位指导两个步骤。集训是对全体新员工统一进行培训，如对上述企业概况和企业制度的培训；岗位指导是将新员工按岗位划分到岗后进行有针对性的培训。

B. 三步法：将新员工培训分为集训、部门培训和岗位指导三个步骤。这种培训方法要求各部门承担相应的培训任务，对整体培训后的新员工结合部门特点进行工作的分工和协作的培训，然后对新员工进行实地培训，可以用见习的方法完成。

根据企业的规模和生产特点，可以选择不同的培训方式，具体的内容可以结合企业文化进行设计，如红地毯式、会议式、讲座式、忆苦思甜式等。

⑤新员工培训的程序。

A. 新员工培训的准备工作。

文字资料：编写和印制好的员工手册、制订新员工培训计划、按培训内容编写的培训资料或提纲、新员工基本情况表、新员工培训通知书等。

硬件部分：场地的布置、设备的检查与调试、座位的排定、温度的调节、学习用品的准备、后勤服务与保障等。

B. 新员工培训执行的程序。

第一步：入职教育开始时，由高层管理人员致欢迎辞，介绍公司概况的相关内容，及员工可以对公司具有的期望和公司对雇员的要求。

第二步：由人力资源部门进行企业制度的讲解和指导，并与新员工进行讨论。

第三步：由新员工的直属上司对业务知识进行特定性的岗位指导。

第四步：举行新员工座谈会，鼓励新员工提问并进行详细解答，进一步使员工了解关于公司和工作的各种信息，使新老员工更好地与上级和同事沟通，提高工作效率和团队凝聚力。

（2）转岗培训

①转岗培训的含义。转岗培训是指对要进行岗位转换的员工进行适应新岗位要求的培训。这种培训产生的原因主要有三个方面：第一，由于企业经营规模与方向的变化、生产技术进步、机构调整等因素对现有员工的岗位进行调整；第二，由于员工不能胜任现在的工作，需要重新进行培训或调岗；第三，由于员工某方面的才能或特长受到重视，需要重新安置。

②转岗培训的程序和方法。转岗培训的程序是：

A. 在调查分析的基础上，人力资源部确定转换岗位的名称和人数，征求员工的意见。

B. 对照岗位说明书，确定培训内容和方式。

C. 培训结束后对受训者进行考试或考核，待考试、考核合格后，人事部门办理正式转岗手续。

转岗培训的方式有：与新员工一起参加入职培训、现场一对一指导、外出参加培训、集中定向培训等。

（3）轮岗培训

①轮岗培训的含义。交叉轮岗是在预定的时期内使受训者相互变换工作岗位，以获得不同岗位的工作经验的形式。如在对管理人员进行培训时，让受训者有计划地到生产、销售、财务等部门工作几个月，实际参与所在部门的工作，或仅仅作为观察者，了解所在部门的业务，增进受训者对整个企业各个环节工作的了解。

②轮岗培训的意义。

A. 培养工作乐趣。任何一个工作岗位做长了，都可能会让职工产生厌倦情绪，从而产生惰性，失去工作激情和创造精神。进行工作岗位轮换后，新的岗位就是全新的工作流程和内容，会给人带来一定的刺激和乐趣，能有效地调动职工的工作积极性，避免因在同一岗位长时间工作产生厌倦感。

B. 工作的系统化和整体性。轮岗就需要进行经常性的工作交接，这迫使各位员工将手头工作进行系统化和整体性处理，这样才能实现在一两天时间内的迅速交接。若是没有这个需求，员工很少会将自己的工作整理得非常清晰，因为要定期交接，"当前事，当前毕"，每位职工就必须及时地把手头的工作整理得很清晰、很有条理性，这样才能快速准确地交接。

C. 各岗位员工之间的互相理解配合，降低内耗。企业最大的消耗在于内耗，而内耗更多又是人为因素造成的。除去制度设置的不合理外，各个岗位与人员之间的互相不理解，从而导致的不配合是主要原因。而通过岗位互换，各岗位员工之间就会有个深切的体会与理解，互相理解别人的难处和工作特性所在，有效地增强员工之间的互相理解与配合度，从总体上减少内耗。

D. 提升员工的多项工作技能。从个人的角度而言，进行轮岗工作制度，员工可以在短时间内学习更多的工作技能，对自己的职业素质和职业竞争力都将有一个很好的提升，也能在一定程度上解决待遇问题。

③轮岗培训的实施。新员工的轮岗培训，是通过轮岗使之对企业各个方面有更深入的了解，还可以从中判断他适合哪个领域的工作，发挥每个人最大的潜力。

中层轮岗培训是为了提升其综合管理能力。先把每个部门的副职都培养好，再进行正职轮换，以确保每个部门的正常运行。

高层轮岗，大多是为培养高层做准备，锻炼的已经不完全是专业知识，而更多的是培养领导能力和战略能力。

在轮岗前，应该对当事人进行比较充分的岗前培训，使他对未来的岗位有一个清晰的了解。这样，既能降低风险、提升成功率，又能让当事人感到企业对自己职业生涯负责任的态度。

2. 岗位培训

（1）传统的培训开发方法

①知识技能类培训。

A. 讲座研讨法。培训师向众多的受训者进行讲授，并辅以问答、讨论、自由发言等形式。

优点：传授知识和技能内容较多、全面，受训人数较多；培训环境简单，有利于讲师的发挥；培训费用较低。

局限性：不能满足学员个性化的要求；沟通、互动有限；学员的问题不能及时得到解决。

B. 案例研究。培训师向大家介绍案例法的基本知识，拿出案例介绍背景，让学员分成小组讨论；或给出的信息并不完全，还需要学员向培训师寻求信息，这样可以锻炼决策时对决策信息需要的判断。

案例研究适用的时机为：学习解决问题的技巧或教授解决问题的程序。

优点：可以帮助学员学习分析问题和解决问题的技巧；能够帮助学员确认和了解不同解决问题的可行方法。

局限性：需要较长的时间；可能同时激励不同的人；与问题相关的资料有时可能不甚明了，影响分析的结果。

培训时应注意的问题：研讨前要提供充裕的时间让学员阅读相关的资料；主

持人应详细介绍议题，并解释研讨之案例与学员应有的表现或成果；主持人要适时引导研讨以便于达到研讨的目标；所选案例最好是真实的问题，但切忌透露相关人员的真实姓名。

C. 角色扮演。角色扮演即学员在观众面前，未经预先演练且无预设的对话剧本而表演实际遭遇的情况，并讨论在类似情况下的各种反应与行为；其演出具有即兴表演的意味。

角色扮演的目的是给学员提供不同的待人处世的观点和练习处理各种人际关系的技巧，寻求在情绪激动情况下解决问题的可能方法。

优点：能激发学员解决问题的热情；可增加学习的多样性和趣味性；能够激发热烈的讨论，使学员各抒己见；能够提供在他人立场上设身处地思考问题的机会；可避免可能的危险与尝试错误的痛苦。

局限性：观众的数量不宜太多；演出效果可能受限于学员过度羞怯或过强的自我意识。

培训时应注意的问题：要准备好场地与设施，使演出学员与观众之间保持一定的距离；演出前要明确议题所遭遇的情况；谨慎挑选演出学员与分配角色；鼓励学员以轻松的心情演出；可由不同组的学员重复演出相同的情况；可安排不同文化背景的学员演出，以了解不同文化的影响。

D. 师徒传承。师徒传承也叫"师傅带徒弟""学徒工制""个别指导法"，是由一个在年龄上或经验上资深的员工，来支持一位资浅者进行个人发展或职业生涯发展的体制。

师傅的角色包含了教练、顾问以及支持者。身为教练，会帮助资浅者发展其技能，身为顾问，会提供支持并帮助他们建立自信；身为支持者，会以保护者的身份积极介入各项事务，让资浅者得到更重要的任务，或运用权力让他们升迁、加薪。

优点：在师傅指导下开始工作，可以避免盲目摸索；有利于尽快融入团队；可以消除刚刚进入工作的紧张感；有利于传统的优良工作作风的传递；可以从指导人处获取丰富的经验。

②综合能力培训。

A. 学习契约。学习契约就是一份由学习者拟定的书面资料，清楚载明学习的内容、学习的程序和方法、学习的时间以及评估的方式等，以详细规范教者、学者的职责。

制订学习契约的目的主要是为了培养成人学习者规划学习的能力和加强成人学习者自我学习的责任心。

优点：可加强教与学之间的良性互动；可使教学更具弹性，更能顾及学员间的差别；能够有效地控制学习程序；能够同时培养教与学双方的教学设计能力；学员具有一定的主动权，能激发其学习的积极性。

局限性：学员可能对未知产生恐惧、退缩或反感；当学员规划能力不足时，可能会影响学习的质量；课程时间可能造成重大压力。

培训时应注意的问题：先向学员说明拟定学习契约的目的；给学员学习契约的范例，并说明要点；要求学员根据学习目标、学习方法、学习时间、学习成果、评估方式等项目，制定切实可行的个人学习契约；单独与学员沟通，修正并确认契约内容；按照契约进行学习，教、学双方共同对学习过程及学习效果进行检查。

B. 头脑风暴。这种方法属于创造力培训方法。培训师给出问题，学员给出解决方法。其原则是：任何人不得对他人想法发表意见，想法的数量越多越好，越新奇越好，鼓励学员在别人的基础上做出改进或再创造。这种方法的参与性非常强，对于训练学员的创造力非常有效。

优点：适合任何人的参与和贡献；可以对有的问题产生新的解决方法；能最大限度地鼓励学员发表其意见。

局限性：所得的部分意见可能缺乏参考价值；多数学员可能因拘泥于旧有的观念，不愿踊跃发言。

培训时应注意的问题：准备一个舒适且不受干扰的场地；寻找一个热忱而又有激励与统合技巧的主持人；参与者人数不要多于8人；讨论过程要有记录；给予时间限制，让参与者有一定压力；激励学员间的资讯交流与辩论，鼓励良性竞争；讨论之前禁止参与者提出任何意见；讨论之后，鼓励学员选出最佳意见并进行比较。

C. 模拟。模拟是为了给学员提供处理动态人际关系的机会，训练其团队合作和决策判定的知识与技能，鼓励学员相互学习。

优点：使学习活动多元化并能激发学员的学习兴趣；以团队的方式处理问题，更接近真实情况；可为学员提供尝试挑战的机会。

局限性：模拟与真实之间仍有一定的差距；一些学员可能过度强调竞争而破坏学习经验；需投入相当的时间、金钱和精力去发展。

培训时注意的问题：需准备简单、明了且详尽的书面资料；准备各小组讨论的场地与其他设备；依学员的数量、特质与实力平均分组；召集各小组解释模拟训练的意义与目标；安排充分的时间，避免匆忙进行；给予各小组自我讨论和分析的机会，使学员感受到模拟学习的乐趣；模拟结束后，要召集各小组进行分析和评估。

D. 辩论。辩论就是不同立场的参与者面对争议性的议题提出自身看法并反驳对方论点的公开竞赛。辩论的目的主要是为了训练参与者的逻辑思考能力和表达与思辨能力。

优点：能够激发学员参与的热情；能为学员提供动态学习的机会与经验；能够为学员提供生动、活泼、热烈的学习氛围；能够提高学员在具有一定压力的情形下独立思考问题和随机应变的能力。

局限性：议题的研究与准备需耗费相当的时间；学员的个性差异可能会影响辩论的程序与效果。

培训时应注意的问题：需挑选正反双方至少各3人参与辩论；需要挑选一位有经验的主持人和裁判团；准备一个双方都能接受且具有争议性的论题；明确辩论的规则；准备一个能够容纳参与者和听众的场地；正反双方依序进行论述，最后再进行总结；裁判团作胜负决定，并作简短的讲评。

③心理训练类培训。

A. 敏感性训练。敏感性训练就是通过团队活动、观察、讨论、自我坦白等程序，使学员面对自己的心理障碍，并重新构建健全的心理状态。敏感性训练主要用于为学员提供自我表白与解析的机会和了解团队形成与运作的情况等。

优点：使学员能够重新认识自己；能够使学员重新建构自己。

局限性：所需的时间较长；有造成学员心理伤害的可能与危险；需要一名受过专业训练的主持人与数名具备一定基础知识的助手；学员可能因不愿分享内心

深处的秘密而影响整个程序与效果。

培训时应注意的问题：需准备一个舒适的场地，避免给学员造成心理压力；主持人需事先说明训练的程序、规则与目的；主持人先交代所有学员共同参与并完成一项任务；任务结束后，以一学员为中心，其他学员则依序将任务中所见、所闻，与所想象和该目标学员有关的资讯报告出来（包括个人言行与如何影响他人等行为），并由目标学员详细说明、解释为何产生如此言行；轮流指定目标学员，重复上一步骤，直至所有学员均参与为止；由主持人作最后的评价、总结，并鼓励、赞许学员面对自我的勇气。

B. 演练。演练就是指两个以上的人经过简短的排练之后，通过固定的对话，进行具有幽默感或讽刺意味的表演，以此来唤起学员对某种特殊议题的重视和兴趣。

演练主要适用于管理中凸现的某种特殊情况。通过演练，从不同的角度对某一特殊问题进行描述，以此来塑造学员的语言或行为模式。

优点：能吸引学员积极参与；能制造学习高潮，激发学员的学习兴趣；能使学员有种置身其中的感觉，容易吸引学员投入。

局限性：需要找到好的演员；需要耗费相当的时间和精力进行筹划与排练；所传达的信息层面较窄。

培训时应注意的问题：准备好场地、道具等，使所有的学员都能清楚地看到表演；定好主题，撰写好台词，挑选好演员；要安排预演；演出前要向观众说明主题；演出后要进行讨论与总结，探讨演出的得失。

（2）新的培训开发方法

新的培训开发方法是以计算机为媒体所进行的网上培训和虚拟培训。

计算机训练就是应用电脑快速计算、整合、探求相互间的关系，或寻找资料，学员可以自主地提升相关知识和技能，是应用新技术培训中最基本的形式。

计算机训练适用于学员数量极多、工作场地分散、难以匀出空当时间或需要将学习内容与学员回馈标准化的训练等情形。

优点：可降低训练时间；可以提高训练的成效；可以配合学员的空档时间；可以缩短学员的差旅时间与降低费用；可减少相关昂贵设备的损坏；当学员数量

极多时，可降低训练的成本。

局限性：学员需要具备基本的电脑知识；初期发展阶段需投资相当的成本去购买电脑设备；自行开发训练软件需花费一定的时间，且成本较高。

培训时应注意的问题：准备良好的学习场所与配备齐全的电脑设备；对毫无电脑基础知识的学员要先教授基本的电脑知识；上机前要先研读有关的资料，严格按照指定的程序进行操作；计算机训练可配合其他学习方法，将更有成效。

（三）培训需求分析

1. 培训需求分析的含义和作用

培训需求分析是分析和确定培训内容和培训对象的一种活动或过程。培训需求分析是集中从不同来源得到的大量数据和信息，对员工出现的绩效问题进行系统的思考，以便更加准确地进行决策。通过培训需求分析明确培训工作的重点，对于提高培训效率和良好培训效果的获得具有十分重要的意义。培训需求分析具有很强的指导性，它是培训工作的首要环节。如果培训需求分析不准确，那么培训计划的制订、培训内容的确定、培训方法的选择就会变得很盲目，最后使培训工作事倍功半，投入了大量的人、财、物而不能获得较高的回报，这也是一些企业培训工作动力不足的一个主要原因。

好的培训需求分析具有前瞻性，不仅分析企业现有的问题哪些可以通过培训解决，而且对企业未来员工素质的要求进行分析，为企业今后的发展提供超前性培训的依据。

通过细致的培训需求分析，可以节约培训经费，提高培训的投资回报率。

2. 培训需求分析的内容

（1）培训需求的层次分析

①组织层次的分析。从企业的经营管理角度进行培训需求分析，主要考虑企业发展的外部环境和内部环境，如产业政策、经济环境、市场竞争情况、企业的发展战略、生产效率等因素，确定培训的内容和重点。

②工作岗位层次的分析。对照岗位职责和岗位目标，结合绩效考核结果，确定技能培训的内容和方法。

③员工层次的分析。根据员工现有的人力资源信息库的记录，结合员工的职业生涯规划，确定每一个员工应参加的培训类型，合理安排培训和日常工作的时间。

（2）培训需求的对象分析

①绩效分析法。通过绩效标准和现有员工的绩效状况进行对比，确定哪些员工在哪方面应进行培训。

②任务分析法。对工作任务进行分解，用工作说明书、工作规范及工作任务分析记录表来衡量员工应具备的知识、技能和态度，与员工日常工作必需的记录进行对比，分析员工与岗位需求之间的差距，来确定培训内容和培训对象。

3. 培训需求分析的方法和程序

（1）准备工作

制订培训需求分析工作计划，确定培训需求分析的时间、地点、方法。与各部门进行沟通。查阅人力资源信息库，准备好各类表格和文件。

（2）确定培训需求分析的方法

培训需求分析的方法有访谈法、问卷法、资料查阅法、会议记录法、观察法等。

（3）撰写培训需求分析报告

报告对培训需求分析进行总结，得出结论，将所用的图表、问卷等原始资料以附件的形式进行说明。

二、培训管理

（一）培训计划的制订与实施

1. 培训制度

（1）培训服务制度

员工参加培训前提出申请，相关部门批准，签订培训协议，约定企业与员工之间的责任和义务及违约责任。培训协议签订后方可参加培训。

（2）培训的考核制度

培训的考核制度主要包括对培训工作本身进行考核，对受训者进行考核。

（3）培训的激励制度

培训前提出培训目标，对照培训考核结果，对组织培训者和受训人进行各种奖励和惩罚，以促进培训效果的提高。

2. 培训计划的制订与具体实施

培训计划是根据企业发展战略和企业文化，结合人力资源规划及企业的实际情况，对年度、季度或月度的培训工作进行规划，确定培训时间、培训地点、培训讲师、培训的参与者，并进行培训经费预算的一系列工作。年度培训工作是最为普遍的，一般在年末对当年的培训工作进行总结，根据企业经营情况，制订下一年的培训方案，并在实施的过程中不断细化、修改和完善，以提高培训效果。

培训计划的制订和实施是通过进行培训需求分析来制订的，还要充分考虑到企业的实际情况和经费的预算约束条件，对培训方案进行优选，以满足企业经营管理的需求。

员工的职业生涯规划是培训计划中的重要工作之一。通过制订员工的发展规划，确定员工的发展区域，对各个岗位的人才进行有针对性的培养。

（二）培训过程管理

1. 培训课程的设置

培训课程是培训的关键环节，在设计时，要根据心理学理论，符合成人学习规律，符合企业和受训者的需求，确定培训的目标、模式、方法及时间安排。

2. 培训教材的选择和设计

培训教材的来源有现有的相关书籍、教师的讲义、电子文档及音像资料。企业可以根据自身的情况进行选择。还可以自编教材，这种方法更符合学员的个性化需求。

3. 培训教师的确定

培训教师的选择遵循"能者为师"的原则，其来源有企业内部和企业外部两种。

4. 培训形式的选择

企业在进行培训时可以选择企业自行培训、与外部培训机构合作及外包给培训公司等形式。

(三）培训效果评估

1. 培训效果评估的含义和作用

培训效果的评估是通过一系列的信息、数据对培训的效果进行定性和定量的评价，以提高培训质量。

在培训的各个环节都应进行培训评估。可以说培训需求分析和培训效果评估是培训环节中的两个关键点。在进行培训需求分析时对培训需求分析的结果应进行评价；在培训进行的各阶段应及时进行评估，以保证培训沿着既定的方向运行；在培训结束后，对培训效果应进行不同时段的跟踪评估，为下一次培训提供依据，使培训工作的质量呈螺旋式上升。

2. 培训效果评估的方法

（1）培训效果评估的层次和方法

培训效果评估是对培训的认知成果、技能成果、情感成果、绩效成果及投资回报率所进行的定性和定量的评价。

（2）撰写培训效果评估报告

撰写培训效果评估报告是对培训评估工作进行如实、详细地总结，其内容包括培训评估的机构和实施过程，并提出参考性意见，为今后的培训工作打好基础。

培训效果评估报告的内容包括：①导言；②概述评估实施的过程；③阐明评估结果；④解释、评论评估结果和提供参考意见；⑤附录；⑥报告提要。

第二节 绩效管理

一、绩效管理概述

绩效管理是企业人力资源管理的首要目标，一切人力资源管理工作都是围绕提升员工的工作绩效而开展的，绩效管理的效果直接关系到企业的经营效益和企业的发展。

（一）绩效管理及其相关概念

1. 绩效管理的含义

（1）绩效的概念

绩效是指个人、团队或组织在工作过程中所取得的成果和效益，也可以称之为业绩、成绩。人们在一定的环境下从事任何有目的的活动都会有结果，这种结果就是绩效。

从企业经营管理的层面来看，可以将绩效分为组织绩效和个人绩效两种。组织绩效是企业运营的最终价值；个人绩效是员工对组织的贡献。个人绩效构成组织绩效，组织绩效对员工又有激励作用，两者相辅相成，密不可分。

（2）绩效管理的概念

绩效管理是指为了实现组织的发展目标，采用科学的方法对员工个人或团队的综合素质和工作业绩进行全面的衡量，分析存在的问题，提出解决方案，调动员工或团队的工作积极性，不断提升工作绩效的一系列管理活动。

（3）绩效考核的概念

绩效考核是通过对员工的工作成果进行定性和定量的评价，对绩效进行区分性鉴别的过程。考核是管理的一个中心环节，员工绩效的评定结果是提升员工绩效的主要依据，同时也是对员工的反馈和激励。

2. 绩效的形成过程

绩效是个人的知识、技能、能力等一切综合因素在一定的环境下通过工作而形成的成果。

员工的知识和技能等综合素质是实现绩效的前提，在一定的外因作用下，内因才能发挥作用。绩效管理的任务就是为员工创造一个良好的环境，使其潜能能够充分发挥出来，为企业做出更大贡献。

绩效形成差的原因是多重的，概括起来主要表现在两个方面：一方面，员工个人的原因造成的，如岗位不适合、能力不够和知识缺乏、工作态度和思想存在问题；另一方面，工作本身的客观原因造成的，如组织与管理不合适、没有明确的工作职责、缺乏充分的信息、缺乏对工作结果的反馈、激励不当、工作条件不理想。在大多数情况下是客观条件限制和主、客观因素之间的相互作用造成的。在进行绩效反馈时，应更多地用系统的方法，从多个角度对员工的绩效进行综合分析，找到问题的真正根源，这样才能在绩效评价反馈中有针对性地帮助员工提高绩效水平。

（二）绩效管理的作用

绩效管理体系作为人力资源管理的一个重要的子系统，其作用有如下四个方面：

1. 绩效管理有利于实现企业经营目标

绩效管理的目标是根据企业的发展战略来制订的，通过将企业的战略目标层层分解为部门和员工的目标，在此基础上确定部门和个人的绩效目标，通过绩效评价，对员工的工作结果进行反馈，及时发现工作中存在的问题并进行修正，通过提升员工的业绩从而达成企业的总体业绩，实现企业的战略目标，使企业发展步入良性循环的快车道。

2. 满足员工的需求

员工的需求有不同的层次，当员工基本的需求满足后，尊重和自我实现的需求所表现出来的就是员工希望清楚自己的绩效水平到底如何，以便为了今后的发展而明确努力的方向。如果没有考核或考核不准确，员工就会处于盲目状态，失去努力的目标和方向。

3. 解决管理中存在的问题

员工绩效水平的高低与其自身的素质和努力程度有关，更与企业管理制度、管理理念和企业文化、管理风格有关。通过绩效评价和反馈，可以看到企业管理中存在的问题并能及时解决，让企业发展更有序。

4. 配合人力资源管理体系的运行

企业发展战略和企业文化是进行绩效管理的依据，绩效管理的目标是为了实现企业发展的战略目标。通过岗位分析明确岗位职责是制订绩效考核指标体系的关键环节。招聘工作的质量直接决定着员工的工作绩效，而组织培训是提高员工工作绩效的主要手段和方法。绩效考核结果与薪酬体系相衔接，才能真正对员工起到激励作用。

(三) 企业绩效管理制度的基市内容

1. 制定企业绩效管理制度的基本原则

(1) 实用性原则

在制定企业的绩效管理制度时，应充分考虑企业人力资源管理的水平及企业的经营特点和行业特点，还需考虑绩效管理方案制订和实施所需的人力、财力和物力，考评工具和方法是否适合员工的素质特点。

(2) 客观公平原则

员工的实际工作表现和职务说明书中对工作内容的描述是绩效评价的依据，无论用什么方法进行绩效评价，都要以此为客观依据，对考评者实事求是地作出评价。同时，应在考评中一视同仁，避免人为因素使绩效评价结果与员工的实际工作绩效有较大的差距，影响绩效评价结果的可信度。为此，要建立科学适用的考评指标体系和考评标准，应采用客观公正的尺度，尽量使用绝对考评方法。

(3) 全面原则

绩效评价的结果是为了提高员工的工作绩效，所以在绩效评价要素的选择方面，应尽量能够概括所需绩效评价工作岗位的工作内容和任职者的素质要求是否符合岗位的要求。在时间和绩效事件的选取上都要遵循全面性原则，只有对员工进行全面的评价，才能准确地对员工的绩效进行衡量，才能提高绩效评价的效度。目前，现代企业中实行的考评方法，基本上都是多层次、多渠道、全方位的考评。

（4）公开原则

绩效评价工作应遵循公开原则，要对评价的标准、考评的程序、考评的方法及时间的选择等公开宣布，让员工做到心中有数，积极参与到考评中来，而不是被动地等着上级考评。同时，考评的结果也应该是公开的，这样有利于员工进行横向和纵向的比较，明确自己在整个企业中的绩效水平，从而确定今后的努力方向。可以说，公开和公平是做好绩效评价的两个基本原则。

（5）相对稳定原则

绩效评价的要素和绩效评价方法及绩效评价的频度一旦制订出来，就要保证其在一定时段内实施的持续性，朝令夕改，很难让员工产生归属感，不利于长久地激励员工，更不利于组织的稳定性。所以，在制订绩效评价方案之前，应进行充分的调查和详细的设计，并请专家进行论证，以保证实施的有效性。但这并不意味着绩效评价的内容和方法是一成不变的。随着科学技术的发展，生产方式的变化，工作内容在变化，相应的绩效评价内容和方法也在发生改变，必须及时地丰富、完善及改进现有的绩效评价方式以适应实际情况的变化，才能使绩效评价系统持续地良性循环，稳定地提高员工的绩效。

2. 企业绩效管理制度的内容

企业绩效管理制度包括如下基本内容：

①绩效管理制度的指导思想、基本原则、绩效管理的战略地位。

②绩效考核的对象、考核周期、考核机构、考核时间与考核程序。

③绩效考核的主体、考核维度及考核权重设计。

④考核者的培训和绩效考核的实施，考核表的管理与查阅。

⑤绩效面谈的目的、绩效面谈沟通的步骤、员工申诉及其处理。

（四）绩效考核的种类和方法

1. 绩效考核的分类

（1）按时间划分

①定期考核。企业考核的时间可以是一个月、一个季度、半年、一年。考核时间要根据企业文化和岗位特点进行选择。

②不定期考核。不定期考核有两方面的含义：一方面，是指组织中对人员的提升所进行的考评；另一方面，是指主管对下属的日常行为表现进行记录，发现问题及时解决，同时也为定期考核提供依据。

（2）按考核内容划分

①特征导向型。考核的重点是员工的个人特质，如诚实度、合作性、沟通能力等，即考量员工是一个怎样的人。

②行为导向型。考核的重点是员工的工作方式和工作行为，如服务员的微笑和态度、待人接物的方法等，即对工作过程的考量。

③结果导向型。考核的重点是工作内容和工作质量，如产品的产量和质量、劳动效率等，侧重点是员工完成的工作任务和生产的产品。

（3）按客观和主观划分

①客观考核方法。客观考核方法是对可以直接量化的指标体系所进行的考核，如生产指标和个人工作指标。

②主观考核方法。主观考核方法是由考核者根据一定的标准设计的考核指标体系对被考核者进行主观评价，如工作行为和工作结果。

2. 绩效考核的方法

（1）排序法

对员工绩效的好坏程度直接进行比较，确定员工绩效的相对等级和次序。排序有两种方法：

①正向排序：按照员工绩效由优到劣从第一名排到最后一名。

②两两排序：按照员工绩效先排最好，再排最差；接着排次好，再排次差，以此类推进行排序。

（2）成对比较法

成对比较法也叫两两比较法，是对员工的绩效进行相互比较，确定赋分的标准，进行比较打分，将每次比较的分值按打分的顺序相加，对总分由高到低进行排序的方法。

（3）强制正态分布法

强制正态分布法是提前确定准备按照一种什么样的比例将评价者分布到每一个工作绩效等级上。

在实际操作的过程中，这种评价工具的使用方法首先是将准备评价的每一位雇员的姓名分别定在一张小卡片上；其次根据每一种评价要素来对雇员进行评价；最后根据评价结果将这些代表雇员的卡片放到相应的工作绩效等级上去。

（4）行为对照表法

行为对照表法是将描述性关键事件、评价法和量化等级评价法的优点结合起来，使绩效评价结果更公平。这种方法将每一职务的各考评维度都设计出一个评分量表，并有一些典型的行为描述性说明词与量表上的一定刻度或评分标准相对应和联系，即所谓锚定，作为被考评者实际表现评分时的参考依据。由于这些典型说明词数量有限（一般不会多于10条），不可能涵盖千变万化的职工实际表现，被考评者的实际表现恰好与说明词所描述的完全吻合；但有了量表上的这些典型行为锚定点，考评者给分时便有了分寸感。这些代表了从最劣到最佳典型绩效的、有具体行为描述的锚定说明词，不但使被考评者能较深刻而信服地了解自身的现状，还可找到具体的改进目标。

建立行为锚定等级评价法通常要求按照以下5个步骤来进行：

①获取关键事件。首先要求对工作较为了解的人（通常是工作承担者及其主管人员）对一些代表优良绩效和劣等绩效的关键事件进行描述。

②建立绩效评价等级。然后由这些人将关键事件合并为为数不多的几个绩效要素（如5个或10个），并对绩效要素的内容加以界定。

③对关键事件重新加以分配，这时由一组对工作比较了解的人来对原始的关键事件进行重新排列。他们将会看到已经界定好的工作绩效要素以及所有的关键事件，他们需要做的，就是将所有这些关键事件分别放入他们自认为最合适的绩效要素中去。通常情况是，就同一关键事件而言，第二组某一比例以上（通常是50%~80%）的人将其放入的绩效要素与第一组人将其放入的绩效要素是相同的，那么，这一关键事件的最后位置就可以确定了。

④对关键事件进行评定。第二组人会被要求将关键事件中所有描述的行为进行评定（一般是7点或9点等级尺度评定法），以判断它们能否有效地代表某一工作绩效要素所要求的绩效水平。

⑤建立最终的工作绩效评价体系。对于每一个工作绩效要素来说，都将会有一组关键事件（通常每组中有6~7个关键事件）来作为其"行为锚"。

（5）目标管理法

根据企业发展战略目标确定相应的部门工作目标，将部门工作目标分解为员工的工作目标，再将员工的工作目标转化为绩效考核指标体系，即对员工和部门的业绩绩效考核的方法。

目标管理法的操作步骤是：全公司方针拟定，经营方针表达，各事业部、科、室年度计划展开，各事业部、科、室年度管理目标拟定，各事业部、科、室年度管理目标商谈，管理目标的整合与确立，制订目标卡，实施和监控。

目标管理的四个步骤是计划、实施、检查、再制订新的目标。简称 P（Plan）—D（Do）—C（Check）—A（Action）循环。

目标管理法的特点是：目标明确，员工具有高度的参与性，通过目标管理过程对员工具有鲜明的培养性，便于员工进行自我管理。

在目标管理过程中，应经常进行进度检查，直至达到目标。在达到阶段性目标后，已经完成既定任务的员工汇集在一起对工作成果进行评价，同时为下一阶段的工作制订目标。目标管理是一整套计划的控制系统，同时也是一套完整的管理哲学系统。在理论上只有所有员工都成功，才可能有主管人员的成功、各个部门的成功和整个组织的成功。因此目标管理方法鼓励每一位员工的成功。但是目标管理的前提是个人、部门和组织的目标要协调一致。经验研究表明，这一方法有助于提高工作效率，而且还能够帮助公司的管理层根据不断变化的竞争环境对员工进行及时的引导。

还有两种与目标管理方法相类似的考评方法：工作计划与检查方法、目标考评法。

工作计划与检查方法特别强调主管人员及其下属对工作计划的实施情况进行检查，以确定计划的完成程度、找出存在的问题、明确训练的需要。在使用工作计划与检查方法时，了解工作目标是否已经达到要依靠主管人员的个人判断，而在目标管理中则依靠更为客观的可以度量的依据。但是在实际操作中，这两种方法很难严格区分。从理论上讲，目标管理方法更强调结果，而工作计划与检查方法更强调过程。

目标考评法是根据绩效考评人完成工作目标的情况来进行考核的一种绩效考评方式。在完成工作之前，考评人和被考评人应该对需要完成的工作内容、时间期限、考评的标准达成一致。在时间期限结束时，考评人根据被考评人的工作状况及原先制订的考评标准进行考评。目标考评法适用于企业中试行目标管理的项目。

（6）关键事件记录评价法

这种考核方法是通过观察，记录下有关工作成败的"关键"性事实，依此对员工进行考核评价。

（7）360 度考评方法

这种考评方法是从多个维度对员工的绩效进行界定，综合反映企业部门或员工的业绩。常用的考评维度有如下五类：

①上级考评。被考核者的上级对考核者的工作态度和技能水平最为了解，对被考核者的日常工作表现也有记录，所以上级考评是最主要的考评形式，其权重占 70%左右。

②同级考评。同级之间的考评是同事之间的相互考评，通过相互考评认定，便于同事之间进一步了解，认清自己与别人的差距，有利于引导员工向绩效优秀的同事学习，从而提升团队的整体业绩。同级之间的考评权重不宜过大，一般占 10%左右。

③下级考评。下级对上级的考评主要是对上级的管理风格和管理方法及个人魅力的一种认定方法，通过对上级的考评，便于被考核者明确自己工作中的不足，改进今后的管理工作。由于下级对上级工作的整体性并不能全面把握，所以这种考评所占权重为 10%左右。

④自我考评。自我考评的目的在于帮助员工进行自我总结，分析自己的不足，正确看待自己的绩效，进行自我管理和提升。所以在设计自我考评表时各指标的等级应明确。自我考评主观性较强，权重为 10%左右。

⑤客户考评。客户对经营管理的信息反馈十分重要，但完全以此为根据，又会给绩效考核带来一定程度的不准确性，对客户考评必须进行全面的设计，才能对信息的有效性进行监控。所以这种考评所占比例应根据企业的行业特点来确定。

对上述几个维度的考评结果，应根据企业的具体情况进行设计并实施。

（8）KPI 法

KPI（Key Performance Indicator）是通过对组织内部工作流程的关键参数进行分析、设定、衡量的一种绩效管理方法。根据企业的发展战略目标，找出企业的业务重点，设定为企业的关键业绩指标；然后将企业的关键业绩指标分解为部门的关键业绩指标；进一步分解为职位的关键业绩指标。

KPI 是衡量企业战略目标效果的关键指标，其目的是建立一种机制，将企业战略转化为内部过程和活动，以不断增强企业的核心竞争力和持续地取得高效益，使考核体系不仅成为激励约束手段，而且成为战略实施的工具。

在设置关键业绩指标时依据的原则简称为 SMART 原则。

Specific（明确性），设置关键业绩指标要具体、清晰。Measurable（可衡量性），考核指标是可以衡量的、能够量化的。Attainable（可达成性），考核指标不能过低也不能过高，是员工经过努力可以达到的。Related（相关性），各项考核指标之间是相互联系的，共同构成企业的经营管理目标。Time-Bound（时限性），考核指标是具有详细时间要求的。

（9）平衡计分卡

平衡计分卡的原理是衡量过去的努力成果，以驱动未来绩效。对过去努力成果的衡量是从外部和内部来量度的。外部的量度指股东和客户、财务及客户，内部的量度指企业流程管理、员工学习及成长。平衡计分卡实施的四个步骤是澄清并诠释愿景与战略、沟通与联络、规划与设定目标、策略的回馈与学习。

平衡计分卡的思路指导着企业的绩效管理工作，推动着企业提升整体绩效进而促进企业的迅速发展。

二、绩效管理的程序与实施

（一）绩效管理方案的设计

绩效管理循环系统就是通过制度形式促使各级管理者承担起人力资源管理的责任，通过管理者与员工共同参与制订绩效计划、绩效考核、绩效面谈（辅导）以及绩效结果的反馈过程，实现组织绩效的达成和不断提高。部门负责人可以与员工签订绩效发展计划书。

各级管理者对员工的绩效进行考核后，必须与员工进行一对一的绩效面谈与沟通。这个环节是非常重要的，因为绩效管理的核心目的是不断提升组织和员工的绩效水平以及员工的技能水平。这一目的能否实现，最后阶段的绩效面谈和反馈就起了很大的作用。

（二）绩效考核的组织与实施

1. 对考评者和被考评者的培训

培训的目的是使全体员工理解绩效管理的目的、意义和方法，消除对绩效考核的错误认识，掌握绩效考核的方法和步骤，减少绩效考核的误差。

在考核过程中考核者常见的误差有如下几个方面：

（1）心理定式

心理定式是指人们根据过去的经验和习惯的思维方式，在头脑中形成了对人或事物的不正确的看法。如，认为青年员工工作经验比老年员工少，在相同的绩效下，给青年员工打分偏低，给老年员工打分偏高。在进行绩效考核时，必须克服这种心理误差，要根据员工的实际情况，客观地做出判断。

（2）第一印象

第一印象是指在最初的交往过程中给他人留下的印象。这种印象具有特别强的固着作用，一旦形成，很难消退，并极大可能影响后续的总体印象。在现实中，招聘时对应聘者的第一印象的特化作用一直持续到对该员工的绩效评价阶段。在进行总体评价时，对员工的第一印象起了主导作用，招聘时印象的好坏成为判断员工绩效高低的主要考虑因素，而实际的工作表现成为参考，从而影响到了评价的真实性。将招聘时对员工的评价与绩效评价进行对照，可以发现招聘的不足之处，有利于对员工进行全面的绩效管理。但决不能因此影响绩效评价的准确性。

（3）趋中心理

在评价时，评价者往往觉得被评价者的绩效相差不多，评价结果容易出现"两头小，中间大"的好好先生。趋中心理使大部分人都集中在平均水平，以至于比较不出员工之间的优劣差别，绩效评价也就失去了意义。所以，在评价员工的绩效时，必须彻底抛弃这种错误的思想，严格按照评价标准来进行评价，有什么样的绩效，就给出什么样的评价结果。

（4）从众心理

在对员工的实际绩效进行评价时，每一个评委都会受其他评委评价结果的影响。当大家都对一个人做出"不好"的评价时，你虽然觉得这个人很好，但迫于团体的压力而不敢将自己的观点表露出来，以避免与大家的不一致。这种心理往往会影响评价的公平性和客观性，必须加以克服。

（5）光环效应

这种现象是指在评价员工的绩效时被该员工平时突出的好或不好的典型事件误导，而不能综合地对该员工的绩效做出总体评价，而导致评价结果高于或低于员工的实际工作表现。或者在评价时受员工个性突出特点的影响，而作出不准确的判断。在评价时必须克服这种光环效应的不利影响，客观地评价员工的绩效。

（6）特殊化

特殊化是指在评价员工的绩效时，评价者为管理人员时，不能在评价标准面前与普通员工一视同仁，以身作则，自己搞特殊化，认为评价标准是针对普通员工制定的，自己的任务就是严格监督员工的执行情况，而对自己没有约束力。这势必造成绩效评价流于形式，不能起到真正的激励作用。在评价中，必须坚持评价标准面前人人平等的原则。

（7）对比误差

在评价时，评价者总是把自己的性格、能力、作风等与被评价者进行对比，凡是与自己相似的人，总是做出较高的评价，对那些与自己格格不入的人，就会做出偏低的评价。这种误差往往不是故意的，但它影响到了评价的真实性，评价者必须从主观上克服。

除此以外，还应克服近期效应误差、感情效应误差、偏见误差、暗示效应误差等影响绩效评价准确性的因素。

被评价者作为绩效评价的主要体现者也会影响绩效评价的效度和信度。首先，必须消除被评价者的消极、抵触心理，尤其是工作绩效不高的员工，往往对绩效评价抱着逃避的态度，对评价工作不配合；还有那些安于现状、不求进取的人，总是希望评价的结果越模糊越好，在评价时会造成难以预料的障碍。其次，员工对自己绩效的估计往往与实际有较大差距，大部分员工对自己的评价高于其实际的绩效水平；而有一些员工对自己缺乏信心或过于谦虚，在自我评估时低于自己的实际表现。员工对绩效评价各种各样的心态必须在评价之前就加以纠正，通过交谈、企业文化的熏陶、作总动员等工作，使员工对绩效评价保持一种正确的心态，确保评价的准确性。

由于上述评价者和被评价者两方面人为因素造成评价的误差是可以通过培训得以弥补的；而由于评价系统本身的技术问题造成的误差，只能通过提高评价系统的设计技术加以解决。任何一个企业的评价系统都是由其战略目标决定的，有什么样的经营理念，就会有什么样的绩效评价系统。

为了保证绩效管理体系的有效运行，必须对所有考核者进行培训。培训由人力资源部负责。培训内容包括：绩效管理与考核的制度结构、确认考核规定、理解考核内容与考核项目、理解考核打分的标准与细则。

2. 绩效评价的反馈

绩效反馈也叫绩效面谈。在进行绩效反馈时，常用的方法有：

（1）消除员工的抵触情绪

上级在与员工谈论其绩效时，员工对上级指出自己的不足之处都具有防范心理。所以在谈话一开始，就要引导员工有一个正确的心态，使员工认识到每一个人都有自己的局限性，都有长处和短处，应正确看待自己和周围的人，最终目的是使员工真正认识到绩效反馈的目的是帮助其在今后的工作中进步和发展。在双方调整了心态以后，再进入正式谈话阶段。

（2）强调具体行为

应根据员工的具体行为，明确指出造成员工绩效低下的原因。如，小张纪律性很差，总是完不成工作任务，在绩效反馈时应指出小张的具体表现：开会迟到过五次，无故旷工两次；两个月没有完成工作任务。这要比只是对他说"我对你的表现很不满意"说服力要强。

（3）对事不对人

在反馈时，所用的语言是描述性的而不要用判断或评价性的语言，尤其是不能用指责性的语言。永远不要说一个人总是错的之类的话。应指出其可控制的行为，而对其无能为力的事则不应提出要求。因为人们对自己可控制的事总是积极、努力地去做，而对自己不可控制的事总是不关心的。所以，在谈话以前，应对该员工的能力结构有所把握，在其能力能达到的范围之内对具体的工作行为提出要求，并引导其掌握提高绩效的具体方法，明确绩效目标和努力方向。

(三) 员工申诉及其处理

为了确保绩效考核的公平公正性，实现绩效管理的良性循环，在人力资源部门负责具体工作的同时，应建立绩效考核委员会对绩效管理的整个过程进行监督管理，并承担一些具体的绩效考核工作。绩效考核委员会一般由企业高层、中层和员工代表组成。在绩效考核过程中被考核者的意见可以向绩效考核委员会、工会、人力资源部、部门主管及高层反映，填写申诉表。相关部门应在规定的期限内进行处理，以确保绩效管理工作的顺利进行。

(四) 考核表的管理与查阅

1. 考核表的保管

①考核表的保管由人力资源部负责。

②保管期限。自考核表制成之日起，保存期为 10 年。退休员工，自退休日起，保存一年。

2. 考核表的查阅

管理者在工作中涉及员工人事问题，需要查阅有关考核表时，可以向保管者提出查阅要求，并按有关规定办理查阅手续。

第三节　薪酬管理

一、薪酬管理概述

薪酬设计与管理是人力资源管理的重要环节，是体现人力资源管理五个功能中保持与激励功能的最主要活动。同时，薪酬设计与管理还能体现其他人力资源管理的功能，例如，领先的薪酬水平可以较好地吸引人才的加盟，从而体现了

"吸引"功能；考核发放的薪酬可以起到奖优罚劣的作用，从而体现了控制与调整的功能；"宽带工资"可以为员工提供职业发展的技术通道，从而体现了"开发"功能。

（一）薪酬的含义与形式

1. 薪酬的基本概念

薪酬，或者说报酬，可以这样定义：薪酬是指雇员作为雇佣关系中的一方所得到的各种货币收入，以及各种具体的服务和福利之和。

2. 薪酬的形式

薪酬形式主要有四种：

（1）基本薪资

基本薪资是雇主为已完成工作而支付的基本现金薪酬。它反映的是工作或技能价值，而往往忽视了员工之间的个体差异。某些薪酬制度把基本工资看作是雇员所受教育、所拥有技能的一个函数。对基本工资的调整可能是基于以下事实：整个生活水平发生变化或通货膨胀；其他雇员对同类工作的薪酬有所改变；雇员的经验进一步丰富；员工个人业绩、技能有所提高。

（2）绩效工资

绩效工资是对过去工作行为和已取得成就的认可。作为基本工资之外的增加，绩效工资往往随雇员业绩的变化而调整。

（3）激励工资

激励工资也和业绩直接挂钩。有时人们把激励工资看成是可变工资，包括短期激励工资和长期激励工资。短期激励工资，通常采取非常特殊的绩效标准。

虽然激励工资和绩效工资对雇员的业绩都有影响，但两者有三点不同：一是激励工资以支付工资的方式影响员工将来的行为，而绩效工资侧重于对过去工作的认可，即时间不同；二是激励工资制度在实际业绩达到之前已确定，与此相反，绩效工资往往不会提前被雇员知晓；三是激励工资是一次性支出，对劳动力成本不会产生永久的影响，业绩下降时，激励工资也会自动下降，绩效工资通常会加到基本工资上去，是永久的增加。

（4）福利和服务

福利和服务包括休假（假期）、服务（医药咨询、财务计划、员工餐厅）和保障（医疗保险、人寿保险和养老金），福利越来越成为薪酬的一种重要形式。

3. 薪酬构成

构成总薪酬的除了以上四种形式之外，非货币的收益也影响人们的行为。包括：满足感、赞扬与地位、雇佣安全、挑战性的工作和学习的机会。其他相关的形式可能包括：成功接受新挑战，和有才华的同事一起工作的自我满足感。它们是"总薪酬体系"的一部分，并经常和薪酬相提并论。全国经济专业技术资格考试人力资源管理专业知识用书将薪酬分为经济性薪酬和非经济性薪酬两大类，据此，我们可以将薪酬结构做一细分，如表 2-1 所示。

表 2-1 薪酬构成表

薪酬	经济性薪酬	直接经济薪酬	基本薪酬
			可变薪酬
		间接经济薪酬	带薪非工作时间
			员工个人及其家庭服务
			健康以及医疗保健
			人寿保险
			养老金
	非经济性薪酬		满足感
			赞扬与地位
			雇佣安全
			挑战性的工作机会
			学习的机会

（二）薪酬管理的地位与作用

薪酬管理是人力资源管理活动的重要组成部分，其作用不仅体现在人力资源管理内部，对于整体组织管理也具有重要意义，尤其体现在薪酬水平上。

1. 薪酬管理对整体组织管理的作用

（1）薪酬管理是管理者人本管理思想的重要体现

薪酬是劳动者提供劳动的回报，是对劳动者各种劳动消耗的补偿，因此薪酬水平既是对劳动者劳动力价值的肯定，也直接影响着劳动者的生活水平。所谓以人为本的管理思想，就是要尊重人力资本所有者的需要，解除其后顾之忧，很难想象一个组织提倡以人为本，其薪酬制度却不能保证员工基本生活水平。在我国物质生活水平日益提高的今天，管理者不仅要保证其员工基本生活，更要适应社会和个人的全方位发展，提供更全面的生活保障，建立起适应国民经济发展水平的薪酬制度。

（2）薪酬战略是组织的基本战略之一

一个组织有许多子战略，例如市场战略、技术战略、人才战略等，其中的薪酬战略是人才战略中最重要的部分，因而也是一个组织的基本战略之一。一个优秀的薪酬战略应对组织起到四个作用：①吸引优秀的人才加盟；②保留核心骨干员工；③突出组织的重点业务与重点岗位；④保证组织总体战略的实现。

（3）薪酬管理影响着组织的赢利能力

薪酬对于劳动者来说是报酬，对于组织来讲则意味着成本。虽然现代的人力资源管理理念不能简单地以成本角度来看待薪酬，但保持先进的劳动生产率，有效地控制人工成本，发挥既定薪酬的最大作用，对于增加组织利润、增强组织赢利能力进而提高竞争力无疑作用是直接的。

2. 薪酬管理与其他人力资源管理环节的关系

（1）薪酬管理与岗位分析的关系

岗位分析是薪酬设计的基础，尤其对于岗位工资制来说，更是建立内部公平薪酬体系的必备前提。岗位分析所形成的岗位说明书是进行工作评价确定薪酬等级的依据，工作评价信息大都来自岗位说明书的内容。即使在新的技能工资体系中，岗位分析仍然具有重要的意义，因为评价员工所具备的技能，仍然要以他们从事的工作为基础来进行。

（2）薪酬管理与人力资源规划的关系

薪酬管理与人力资源规划的关系主要体现在人力资源供需平衡方面，薪酬政策的变动是改变内部人力资源供给的重要手段，例如提高加班工资的额度，可以促使员工延长加班时间，从而增加人力资源的供给量，当然这需要对正常工作时间的工作严格加以控制。

（3）薪酬管理与招聘录用的关系

薪酬管理对招聘录用工作有着重要的影响，薪酬是员工选择工作时考虑的重要因素之一，较高的薪酬水平有利于吸引大量应聘者，从而提高招聘的效果。此外，招聘录用也会对薪酬管理产生影响，录用人员的数量和结构是决定组织薪酬总额增加的主要因素。

（4）薪酬管理与绩效管理的关系

薪酬管理和绩效管理之间是一种互动的关系。一方面，绩效管理是薪酬管理的基础之一，激励薪酬的实施需要对员工的绩效做出准确的评价；另一方面，针对员工的绩效表现及时地给予不同的激励薪酬，也有助于增强激励的效果，确保绩效管理的约束性。

（5）薪酬管理与员工关系管理的关系

在组织的劳动关系中，薪酬是最主要的问题之一，劳动争议也往往是由薪酬问题引起的，因此，薪酬管理与员工关系管理有着紧密的关系，有效的薪酬管理能够减少劳动争议，建立和谐的劳动关系。此外，薪酬管理也有助于塑造良好的组织文化，维护组织和员工之间稳定的劳动关系。

（三）科学与合理的薪酬制度的要求

薪酬制度的科学性与合理性不是一个绝对的概念，涉及组织内、外部的多种因素，借鉴余凯成的观点，可以将这些要求归结为以下五项内容。

1. 公平性

员工对薪酬分配的公平感，也就是对薪酬发放是否公正的判断与认识，是设计薪酬制度和进行薪酬管理首要考虑的因素，这也是由"公平感"的主观性和相对性所决定的。薪酬的公平性一般分为三个层次：

（1）外部公平性

指同一行业或同一地区同等规模的不同组织中类似岗位的薪酬应当基本相同，因为对员工的知识、技能与经验要求相似，他们应获得的薪酬也应相似。

（2）内部公平性

指同一组织中不同岗位所获薪酬应正比于各自的贡献。只要比值一致，大概率是公平的。

（3）个人公平性

涉及同一组织中担任相同岗位的人所获薪酬间的比较。

2. 竞争性

竞争性是指在社会和人才市场中，组织制定的薪酬标准要有吸引力，才足以战胜其他组织，招到所需的人才。究竟应将本组织摆在市场价格范围的哪一段，应视本组织的财力、所需人才可获得性的高低等具体条件而定，但要有竞争力，至少是不应低于市场平均水平的。

3. 激励性

激励性是要在内部各类、各级岗位的薪酬水平上，适当拉开差距，真正体现按贡献分配的原则。

4. 经济性

提高组织薪酬水平，固然可提高其竞争性与激励性，但同时不可避免地导致人工成本的增加，所以薪酬制度不能不受经济性的制约。不过组织领导在对人工成本考察时，不能仅看薪酬水平的高低，而且要看员工绩效的质量。事实上，后者对组织产品竞争力的影响，远大于成本因素。此外，人工成本的影响还与行业的性质及成本构成有关。在劳动力密集型行业中，有时人工成本在总成本中的比重可高达70%，这时人工成本确有牵一发而动全身之效，需精打细算；但在技术密集型行业中，人工成本却只占总成本的8%～10%，而组织中科技人员的工作热情与革新性，却对组织在市场中的生存与发展起着关键作用。

5. 合法性

组织薪酬制度必须符合国家及地方有关劳动用工及人事的法律、法规，尤其要体现对劳动者的尊重、公正，避免不应有的歧视。

二、薪酬设计的程序与方法

如何设定组织的薪酬，如何给不同岗位、不同的工作个体确定薪酬标准，这些是薪酬设计所要解决的问题。

（一）　薪酬设计的一般程序

1．制订本组织的付酬原则与策略

这是由组织最高管理当局的管理哲学及组织文化所决定的，包括对员工本性的认识，对员工总体价值的评价，对管理骨干及高级专业人才所起作用的估计等核心价值观；组织基本工资制度及分配原则；有关薪酬分配的政策和策略，如薪酬拉开差距的分寸、差距标准、薪酬、奖励、福利费用的分配比例等。

2．工作设计与岗位分析

工作设计是对工作进行周密的、有目的的计划安排，包括工作本身的结构设计、与工作有关的社会各方面因素的考虑以及对员工的影响。工作设计和岗位分析为明确工作分类、定岗定编进而比较不同工作的相对价值大小奠定了基础。

3．工作评价

这一阶段主要解决的是把组织内的不同岗位进行相对价值的排序，即内部公平性的解决，这也是薪酬设计的关键一环，有关工作评价的具体内容将在下文中详细说明。

4．薪酬结构设计

薪酬结构是指一个组织机构中各项岗位的相对价值及其对应的实付薪酬间保持着什么样的关系。

薪酬结构线显示的是组织内部各个岗位相对价值和与其对应的实付薪酬之间的关系。薪酬结构线的横坐标是以工作评价获得的表示其相对价值的分数，纵坐标是实付薪酬值。薪酬结构线可以用在以下两个方面：

（1）保证内部公平性

组织内各项岗位的薪酬是按市场经济中通行的等价交换原则确定的，也就是说谁的贡献大，对组织的价值就相对越高，所获薪酬便应越多，薪酬与贡献之间的正比关系决定了与其对应的关系是直线形式。

（2）调整现有薪酬水平

调整现有薪酬水平是利用定性或定量分析的方法将工作评价分数与实付薪酬

间的散点图转化为一条直线，然后根据需要调整那些偏离此线的薪酬点。一般多采用保留结构线以上点薪酬水平而调整结构线以下点薪酬水平的做法。

5. 薪酬调查

薪酬调查这一环节主要研究两个问题：要调查什么；怎样去调查和做数据收集。调查的内容首先是本地区、本行业，尤其是主要竞争对手的薪酬状况。数据来源首先应当是公开的资料，如国家及地区统计部门、劳动人事机构、工会等公开发布的资料；其次，是通过散发问卷或抽样采访的方式进行收集；最后，也能从应聘人员与其他组织的招聘信息中获取相关资料。

6. 薪酬分级和定薪

组织根据工作评价确定的薪酬结构线将众多类型的岗位薪酬归并成若干等级，形成一个薪酬等级系列，从而确定组织内每一岗位具体的薪酬范围，保证员工个体的公平性。并应结合个人情况进一步确定薪酬幅度，即同一等级内不同人员薪酬水平的差异，最终将薪酬明确到每一个人。

7. 薪酬制度的执行、控制和调整

组织薪酬制度一经建立，如何投入正常运作并对之实行适当的控制与管理，使其发挥应有的功能，是一项长期而复杂的工作。

（二）薪酬设定的主要制约因素

可以分为内、外两种因素。

1. 内部因素

（1）本单位的业务性质与内容

如果组织是传统型、劳动力密集型的，它的劳动力成本占总成本的比重可能很大；但若是高技术的资本密集型的组织，劳动力成本在总成本中的比重却不明显。显然，不同组织的薪酬政策会有所不同。

（2）组织的经营状况与财政实力

一般来说，资本雄厚的大公司和赢利丰厚并且正处于发展上升势头的企业，对员工付酬也较慷慨；反之，规模较小或不景气的企业，则不得不量入为出。

（3）组织的管理哲学和企业文化

企业文化是组织分配思想、价值观、目标追求、价值取向和制度的土壤。企业文化不同，必然会导致观念和制度的不同，这些因素决定了组织的薪酬体系、分配机制也有所不同，间接地影响着组织的薪酬水平。

2. 外部因素

（1）劳动力市场的供需关系与竞争状况

劳动力价格（薪酬）受供求关系影响，劳动力的供求关系失衡时，劳动力价格也会偏离其本身的价值：一般而言，供大于求时，劳动力价格会下降；供小于求时，劳动力价格会上升。

（2）地区及行业的特点与惯例

这里的特点也包括基本观点、道德观与价值观，例如受传统的"平均""稳定"至上观点的影响，拉开收入差距的措施便多半不易被接受。

（3）当地生活水平

这个因素从两层意义上影响组织的薪酬政策：一方面，生活水平高了，员工对个人生活的期望也高了，无形中对组织造成一种偏高的薪酬标准的压力；另一方面，生活水平高也可能意味着物价指数要持续上涨，为了保持员工的实际生活水平及购买力，组织也不得不定期向上适当调整薪酬水平。

（4）国家的有关法令和法规

薪酬管理与法律法规和政策之间有着密切的联系，法律、法规和政策是薪酬管理的依据，对组织的薪酬管理行为起着标准和准绳的作用。如最低工资制度、个人所得税制度等。

（三）薪酬设计的主要方法——工作评价

在以工作为依据设计薪酬结构时，我们首先需要进行工作评价。

1. 工作评价概述

（1）工作评价的含义

所谓的工作评价，是指根据各种工作中所包括的技能要求、努力程度要求、岗位职责和工作环境等因素来决定各种工作之间的相对价值。它关心工作的分类，但不关注谁去做这些工作。

工作评价的核心是给工作标定级别。级别之间存在差异虽反映了相互间的对比关系，但它并不表明实际的工资率。对于任何确定的级别，例如同样是 5 级，其工资在一些部门可能比另一些部门高。

工作评价不能消除供求关系对工资水平的影响，但它可以根据每种职业、每个工种的内在要求，把它们分类、定级。工作评价并不对每个级别的合理工资制定标准，但它能指出什么级别应当获得较高工资。它力图为建立工资结构提供公正的方法。这一公正体现在：如果一项工作需要相同的努力、技术和责任心，劳动报酬就应相同；而如果需要的标准提高，工资也应当提高。工作评价的目标是要实现同工同酬。

（2）工作评价的形成和发展

工作评价有一个形成过程，它是在西方国家中首先出现和发展起来的。

最初的工作等级形式是由工厂的习惯形成的。某些工作逐渐被认为彼此之间是有联系的，这种联系来源于外部的接触，也来源于生产操作的顺序，还来源于协作劳动的工人由低级到高级所需要掌握的知识顺序。工人和工头在劳动实践中逐渐感到某种工作似乎应比其他工作多付报酬。一旦这种思想形成并被大家接受，这种不同工种的工资差别也就成为习俗而被保留下来。

可是单用习惯来解释工资等级表的形成，是不能令人满意的。于是为数众多的厂商们开始探讨确定工作价值的方法，并逐步使工作等级划分和工作评价制度化。

（3）工作评价的优缺点

①优点。

其一，工作评价的突出优点是，以各个岗位在整体工作中的相对重要性来确定工资等级，并且能够保证同工同酬原则的实现。因此，它有利于消除工资结构中的不公正因素，维护企业工资等级间的逻辑和公正关系。同时，这样建立起来的简单的工资结构，也易于被工人们理解和接受。

其二，工作评价中使用明确、系统而又简单的评价因素作为确定工资结构的基础，有助于减少在相对工资等级上的怨言。当工人对其现行工资有抱怨时，如使用的是数量评价体系，还可以提供一个核查和详细解释的基础，弄清其不公正所在之处，并通过重新评价纠正过来。

其三，工作评价中所收集的信息和结果可以为范围较宽的人事管理提供依据，如确定招工条件、培训技术标准等。

其四，工作评价为工会参与工资确定过程的各个方面提供了机会，并且为集体协商或谈判的内容之一——工资结构的确定提供了一个更准确、更值得信赖的基础。因此，工作评价的实施还有利于改善劳动关系。

②缺点。

其一，其适用范围会受到某些因素程度不同的制约。首先，工作评价在确定评价因素、各因素权重以及评定各工作诸因素的级别时，都不可避免地带来某种程度的主观因素，这样，就使评价缺乏完全客观和公正的结果。其次，工作评价是一项需要很多时间和资源的技术，本身就需要专业技术人员，需要很多投资；而且引进工作评价所形成的新的工资结构可能会增加劳动成本。最后，一旦工作评价计划实行，还必须常设维护机构。这样，引进工作评价所花费的成本可能会超出它所带来的好处。

为了克服上述缺点，首先，要力求较全面地确定影响岗位等级的因素。在确定因素权重时，要吸收工会和工人代表参与决策，并参考同行业其他公司在确定权重上的流行趋势。凡能量化的因素都要量化，以减少先入为主的偏见。根据本单位规模和生产经营特点来选择工作评价方法，并精心计划和实施，以节约费用。

其二，工作评价生成的工资结构显得过于僵死，难以充分适应生产和技术的变化。工作评价的一个基本假定是，每个岗位工作的内容大致是固定不变的。而不少现代企业的趋势是使工作组织机构更加灵活，以充分适应生产和技术的变化。因此，再按照事先固定的任务来限定工作内容就有些牵强。工作评价具有适应基本稳定的企业组织机构和工作组织机构的内在联系，如果工作组织机构不断变化，每个岗位的工作内容不断调整，就难以正式引进和应用工作评价。而在已经引进工作评价的情况下，就应注意对工作评价系统进行定期检查和维护，使其适应随着时间推移由于引进新技术而使工作内容和工作组织发生变化的需要。

2. 工作评价的方法

（1）排列法

排列法，也称简单排列法、序列法、部门重要次序法，是由工作评价人员对各个岗位工作的重要性做出判断，并根据岗位工作相对价值的大小按升值或降值顺序排列，来确定岗位等级的一种工作评价方法。

（2）分类法

分类法，也称分级法或等级描述法，是事先建立一连串的劳动等级，给出等级定义；然后，根据劳动等级类别比较工作类别，把工作确定到各等级中去，直到安排在最符合逻辑之处。

（3）因素比较法

因素比较法是一种比较计量性的工作评价方法，与工作排序法比较相似，因此可以将它看作是改进的工作排序法。因素比较法与工作排序法之间存在两个重要区别：其一，排序法是从一个综合的角度比较各种工作，而因素比较法是选择多种报酬因素，然后按照每种因素分别排列一次。其二，因素比较法是根据每种报酬因素得到的评估结果设置一个具体的报酬金额，然后计算出每种工作在各种报酬因素上的报酬总额并把它作为这种工作的薪酬水平。

（4）计点评分法

计点评分法又叫点数法。点数法是把工作的构成因素进行分解，然后按照事先设计出来的结构化量表对每种工作要素进行估值。点数法是目前国外的公司中应用最为普遍的一种工作评价方法，在开展工作评价的组织中有一半以上采用的都是点数法，近几年国内各类企事业单位也大多采用的是点数法。

应用点数法进行工作评价的步骤一般是：第一步，进行岗位分析。第二步，选择报酬因素。所谓的报酬因素，指的是能够为各种工作的相对价值的比较提供依据的工作特性。常见的报酬因素包括技能、责任、工作条件和努力程度等。一般在工作评价委员会确定报酬因素时，会根据工作的重要性来选择报酬因素。根据情况需要，所选择的报酬因素是不确定的，可能只有一个，也可能包含很多个。

（四）奖金与福利

1. 奖金

奖金是对员工超额劳动所支付的报酬，是实现按劳分配的一种补充形式，也是企业薪酬体系和员工报酬收入的重要组成部分。

（1）奖金的作用

一般来说，奖金可以起到三个方面的作用：

①激励作用。奖金能增加员工收入，体现组织对员工工作结果的认可，因而对员工有激励作用，使员工能够更好地发挥积极性、主动性和创造性。

②提高效率。由于奖金计划主要用来考察员工的工作结果及其对组织的贡献，因此，有效的奖励机制能促使员工提高工作效率，提升绩效水平。

③稳定人才。合理的奖励机制有助于组织留住优秀人才。当员工的付出与其收入相一致时，员工就会产生成就感，同时也会增强对组织的忠诚度。

（2）奖金的表现形式

对于不同类型的组织人员有不同的奖金激励方式，大致可以分为三种类型：

①针对不同个人的奖励。个人奖励计划是用来奖励达到与工作相关的绩效标准的员工，常见的有计件制、管理激励计划、行为鼓励计划、推荐计划。针对不同类型的组织成员，这里重点阐述三种类型：针对管理人员的激励计划，主要分为短期激励和长期激励两种。短期激励是对管理人员完成短期（通常是年度）目标的奖励。长期激励是奖励为组织长期绩效做出贡献的管理人员，长期激励计划可以弥补短期激励计划带来的短期利益行为，使管理工作人员更注重组织的长期发展。针对销售人员实施的激励计划，常见的主要有佣金制、基本工资加佣金制、基本工资加奖金制、基本工资加津贴制、基本工资加红利制。针对专业技术人员的激励计划，一般专业技术人员的报酬比较高，而且其成就需要较为强烈，因此，对专业技术人员除了用奖金支付、利润分享以及企业股票认购等计划进行激励外，还应该为其创造良好的工作条件和提供多种学习和培训机会。

②针对集体的奖励。当组织中部分工作性质相互依赖，并且员工的贡献很难

单一进行考核时，最适合使用针对集体的奖励计划，这种集体可以是项目组、生产班组、管理团队、部门等。在集体奖励计划中，组织在集体达成事先设定的绩效标准之后，才给集体内的每个员工发放奖金。集体内员工不再只是服从主管的命令，他们必须为实现集体的目标而制订计划。通常的分配方式有三种：集体成员平均分配奖金；根据个人绩效来分配奖金；按薪酬比例区别奖励。

③公司整体计划。公司奖励计划是在公司超过最低绩效标准时，给员工发放奖金。在组织中，公司整体计划可以将组织的生产率、成本节约或利润率作为基础。公司的整体计划有多种形式，我们仅以分红制、员工股权计划和斯坎伦计划为例。

A. 分红制。分红制是将公司利润按事先规定的百分比分配给员工的一种报酬计划。分红计划有多种衍生形式，当前计划、延期计划和联合计划是其三种基本形式：当前计划是利润一经确定即以现金或股票方式向员工支付。延期计划是将公司的待分配资金存入一家不可撤销的信托公司，记在员工个人账户上。联合计划是允许员工现期得到根据公司利润应得的一部分报酬，而另一部分报酬延期支付。

B. 员工股权计划。员工股权计划是指公司给予员工购买股票的权利。公司股票代表公司的所有财产价值。公司股份是把股本划分为价值相等的股份。股权是员工购买公司股票的权利。员工只有在行使其股权之后才真正拥有股票。员工行使股权是在公司确定的一段时间之后，按指定价格购买股票。员工股权作为一种促进生产力的激励手段，是希望员工集体生产力的提高能最终增加公司股票的价值。

C. 斯坎伦计划。斯坎伦计划是一种把员工和公司业绩紧密连在一起的利益分享计划。一般指许多或所有员工共同努力以达到公司生产率目标的奖励计划。它是一种成功的集体奖励方法，在小企业中尤为有效。员工因为他们所提建议节省了劳动成本而受到经济奖励。这种计划与其他利益分享计划的不同之处在于强调员工的权利。

2. 员工福利

（1）员工福利的重要性

福利对组织的发展具有许多重要意义：

①吸引优秀员工。优秀员工是组织发展的顶梁柱，是企业最宝贵的财富。以前一直认为，组织主要靠高工资来吸引优秀员工，现在许多企业家认识到，良好的福利有时比高工资更能吸引优秀员工。

②提高员工的士气。良好的福利使员工无后顾之忧，使员工有与组织共荣辱之感，士气必然会高涨。

③降低员工辞职率。员工过高的辞职率必然会使组织的工作受到一定损失，而良好的福利会使很多可能流动的员工打消辞职的念头。

④激励员工。良好的福利会使员工产生由衷的工作满意感，进而激发员工自觉为组织目标而奋斗的动力。

⑤凝聚员工。组织的凝聚力由多种因素组成，但良好的福利无疑是其中较为重要的一个，因为良好的福利体现了组织的高层管理者以人为本的经营思想。

⑥提高企业经济效益。良好的福利一方面可以使员工得到更多的实惠，另一方面用在员工身上的投资会产生更多的回报。

（2）员工福利的概念和范围

对员工福利的界定，有不同的角度：

①广义福利与狭义福利。广义的福利泛指在支付工资、奖金之外的所有待遇，包括社会保险在内。狭义的福利是指企业根据劳动者的劳动在工资、奖金，以及社会保险之外的其他待遇。

②法定福利与补充福利。法定福利亦称基本福利，是指按照国家法律法规和政策规定必须发放的福利项目，其特点是只要企业建立并存在，就有义务、有责任且必须按照国家统一规定的福利项目和支付标准支付，不受企业所有制性质、经济效益和支付能力的影响。

③集体福利与个人福利。集体福利主要是指全部职工可以享受的公共福利设施。职工集体生活设施，如职工食堂、托儿所、幼儿园等；集体文化体育设施，

如图书馆、阅览室、健身室、浴池、体育场（馆）；医疗设施，如医院、医疗室等。

个人福利是指在个人具备国家及所在企业规定的条件时可以享受的福利。如探亲假、冬季取暖补贴、子女医疗补助、生活困难补助、房租补贴等。

④经济性福利与非经济性福利。

A. 经济性福利。

住房性福利：以成本价向员工出售住房，给予房租补贴等。

交通性福利：为员工免费购买公共汽车月票或地铁月票，用班车接送员工上下班。

饮食性福利：免费供应午餐、慰问性的水果等。

教育培训性福利：员工的脱产进修、短期培训等。

医疗保健性福利：免费为员工进行例行体检，或者打预防针等。

有薪节假：节日、假日以及事假、探亲假、带薪休假等。

文化旅游性福利：为员工过生日而举办的活动，集体的旅游，体育设施的购置。

金融性福利：为员工购买住房提供的低息贷款。

其他生活性福利：直接提供的工作服。

企业补充保险与商业保险：补充保险包括补充养老保险、补充医疗保险等。商业保险包括安全与健康保险（人寿保险、意外死亡与肢体残伤保险、医疗保险、病假职业病疗养、特殊工作津贴等）、养老保险金计划、家庭财产保险等。

B. 非经济性福利。企业提供的非经济性福利，其根本目的在于全面提高员工的"工作生活质量"。这类福利形式包括：

咨询性服务：比如免费提供法律咨询和员工心理健康咨询等。

保护性服务：平等就业权利保护（反性别、年龄歧视等）、隐私权保护等。

工作环境保护：比如实行弹性工作时间，缩短工作时间，员工参与民主化管理等。

第四节 职业生涯管理

一、职业生涯选择的原则

在职业生涯选择中，不同的人可以从自己的职业价值观出发，采用不同的策略，实现不同的目标，达到不同的满足。

（一）可行性原则

可行性原则是指在职业生涯选择中应考虑社会的现实需要，考虑特定的历史条件和时代要求，而不能孤立地一味追求"自我设计"。否则，只能产生"生不逢时"的挫折感和失意感。其实，人是具有能动性的世界的主人，可以按照客观规律调适自己和世界。这就是职业生涯选择的现实性和发展性原则。

（二）胜任原则

胜任原则是指在职业生涯选择中，应考虑工作的实际需要，考虑自己的学识水平、身体素质、个性特点、能力倾向等是否符合职业要求，而不能盲目攀比，就高不就低。

对于力所能及的工作，干起来得心应手、驾轻就熟、心情舒畅而且能充分发挥自己的积极性和创造性。而对于不能胜任的工作，干起来则力不从心、困难重重、劳累压抑，不仅效率极低，而且可能完不成任务，给单位造成损失，个人也承受一定的压力。

（三）兴趣原则

即选择职业生涯时，在考虑社会需要的大前提下，既要强调"考虑国家需要"或"哪里需要就去哪儿"，也应该兼顾自己的兴趣爱好和个人志愿。

关于兴趣对职业的影响，前面我们也已讨论过。从心理学的角度看，一个人只有对某项职业感兴趣，才会从内心激发起对该事物强烈的求知欲和探索欲望，才能积极地总结经验，摸索规律而有所突破、有所创造。这无疑对自己是一种开发和展露，对工作也是一种促进。

（四）独立原则

即在一个人的成长过程中，总会有许多人提携、指点过我们——这些人中包括我们的父母、长辈、老师和朋友等。他们帮助我们形成一些对生活的信仰、原则和观念，并使我们有所期望。

但是，由于我们的指导者们自身的局限和个人主观性的不同，使得他们的意见和建议不一定很符合我们自身的成长。比如，有的父母因自身条件不好，没能成为艺术天才，便一心期望孩子能够继其未酬之志，可孩子的兴趣却在于技术。再如，有的优秀的学生被家长推到热门的商界叱咤风云，而该学生的志向是教书育人，这在某些亲朋好友眼中会认为没出息，甚至横加阻挡。

毋庸置疑，那些对我们有所期待的人，从根本上是希望我们有所成就、生活得有意义，但有时候，他们的关心、爱护反而成了我们的负担。因此当我们意识到这种阻碍，并且认清了真正适合自己发展的道路和方向时，我们应该独立决断，追求自己选择的人生之路。

（五）特长原则

虽然就总体而言，人和人之间没有多少根本性的差别，但是，就具体的个性特点，特别是适用于工作的能力倾向来说，人和人之间还是有很大的不同的。每个人都各有所长，又各有所短。在职业生涯选择时，只有扬其长、避其短，才可以最大限度地发挥潜力、有所成就。

（六）发展原则

职业越来越不只是作为生存的手段，而是一条人们走向发展之路。所以，在选择职业时也应该考虑职业的适合性、对口性，考虑领导是否重视人才，考虑单位的实力和所提供的机会、前途等条件，这都是促进或阻碍人们职业发展的关键因素。

二、职业生涯选择的策略

人们在谋求出路、寻找职业、选择职业时，虽然会受到多种实际问题的影响，但也不能被动地等待社会的挑选，或是等着"天上掉馅饼"，而是应该想方设法、主动地采取"策略"来满足自己的需要和愿望。不同的人选择职业的策略有着不同的特点与针对性。有的人考虑名，有的人看重利；有的人考虑工作的刺激性，有的人看重人际的融洽性；有的人考虑稳定，有的人强调丰富；有的人考虑施展才能，有的人强调保证地位；有的人做短期计划，有的人做长远打算。诸如此类，不一而足。但概括起来，择业策略大致可归为以下四种。

（一）试探性策略

当人们刚进入职场或开始新的工作时，往往对自己所选择的新的生活模式不能完全把握，这时就可以运用试探性策略，也就是试验的方法，即把自己生活的一部分转向新的生活模式，通过一段时间的实践，看这种新的生活模式是否适合自己，然后决定是否要全身心地投入。

在试探性择业过程中，人们不仅可以通过更深入地接触工作，了解其性质，感受其滋味，作出取舍、去留的决定；而且还可以通过具体实践，拓宽眼界和知识面，积累某些方面的经验，为进一步适应工作提供基础和开辟路径。最基本的，人们也可以在实践中有所收获，有所结交，这无疑也是对平常生活的一种补充和调剂。

（二）以专业为重点的策略

以专业为重点的策略是指在职业生涯选择时，将"专业对口"作为考虑的中心，即寻求求职者具有的专业知识、技能、经验与所要从事的职业有直接的联系。这是以职业本身的内容、性质为中心的择业策略。

采取"以专业为重点"的择业策略的人们，大多数是追求学以致用、才能的施展，他们更看重职业本身所能给予他们的需要的满足程度、专长的运用程度，以及从中所能获得的满足感和实现感及有利于个体发展的长远机会。这样一来，实际上在选择专业之初，就已经基本上限定了今后的发展方向和前进道路，并且在选择职业时有明确的目标、足够的兴趣和信心以及必要的知识和心理准备。

（三）以工作单位为重点的策略

从事一定的工作，一般都是要依托一定的单位的。就是相同的工作或在同一性质的不同单位，也会有不同的条件、不同的环境、不同的气氛、不同的交际、不同的待遇、不同的发展机会和不同的成就可能。正是基于这一点认识，有些人将"工作单位"作为择业策略的重点。

（四）稳定性策略

"求稳拒变"是中国人的传统心理之一。虽然，时代发展至今，开放而变革的世界，使得人们的观念也发生了许多变化，"安贫乐道"不再是传统的精神贵族的高洁象征，"安分守己"也越来越因为它的保守、封闭、缺乏活力和缺少创意而不适应社会发展的需要。但是，"安居乐业"仍不失为一些人所追求的生活模式。相应地，在职业生涯选择中，便也产生了"稳定性择业策略"。一般来说，人们主要追求工作生活中三个方面的稳定性：①工作性质是稳定的；②工作内容相对稳定；③是和前两者有关的，工作所能给予人的地位、待遇等方面的较为稳定的保障。

当然，为了找到一份理想的工作，充分实现自己的人生价值，在就业的过程中，有必要：①明确选择职业的目的；②掌握信息、创造机会，如就业政策信息、宏观职业发展信息、横向职业动态信息、人才需求信息、职业咨询信息、职业参考消息；③培养主动型人格。顺应时代、利于生存的现代人格，应该是具有竞争意识、自立意识、自主意识的主动性人格。

三、职业生涯选择理论

个人如何作出正确的职业生涯选择，因涉及多种复杂因素，故难以有一个衡量的标准。但是经过职业生涯研究专家们的研究，提供了两个可以运用的职业生涯选择的理论工具，即：①个性理论；②职业锚理论。

（一）个性理论

个性理论认为，对组织和个人都适宜的职业可以通过寻求个性与组织环境的要求之间的最佳配置方式而推测出来。职业满意度、稳定性和实际成就取决于个性与职业特点的匹配程度。因此对从事某种职业的人们所具有的共同特征进行研究，结果表明，人们各自有一组特征可以表明他们从事何种职业最合适，能取得有效成果。如表2-2所示：

表2-2 霍兰德的六种个性类型与适合的职业

个性类型	个性特征	兴趣	相适合的职业
现实主义型	真诚坦率、有攻击性，讲求实利，有坚持性、稳定性、操作性	需要技术力量与协调的活动	体力劳动者、农民、机械操作者、飞行员、司机、木工等
钻研型	好奇、理智、内向、专注、创新，有分析、批判、推理能力	喜欢思考的、抽象的活动（知识科学等）	生物学家、数学家、化学家、海洋地理学家等
艺术型	自我表现欲强，感情丰富、富有想象力、理想主义、爱走极端、易于冲动、善表达	艺术的、自我表现强的、个性强的活动	诗人、画家、小说家、音乐家、剧作家、导演、演员等
社交型	爱好人际交往、富有合作精神、友好、热情、肯帮助人、和善	与人有关的、与感情有关的活动	咨询者、传教士、教师、社会活动家、外交家等
创新型	有雄心壮志、喜欢冒险、乐观、自信、健谈、预测性强、爱好对别人指手画脚	与权力、地位的获得有关的活动，与说服、领导有关的活动	经理、律师、公共部门任职者、政府官员等
传统型	谨慎、守秩序、服从、能自我控制、注意细节、关心小事	与细节和有计划的活动有关的	出纳员、会计、统计员、图书管理员、秘书、邮局职员等

参照这个图表，首先要确定自己的个性类型，可以用自我洞察或者专用测试问卷，然后查阅上表，找出适合自己发展的职业。

（二）职业性格及其自我测验

1. 职业性格的含义

职业性格，一般指个体的性格对职业的适应性。在职业心理学中，性格影响着一个人对职业的适应性，一定的性格适于从事一定的职业；同时，不同的职业对人有不同的性格要求。因此，在考虑或选择职业时，不仅要考虑自己的职业兴趣、职业能力，还要考虑自己的职业性格特点。这样才能给自己良好的职业生涯打好基础，以保证个体以积极的心理状态和良好的职业适应性从事职业，并可望获得成功。此外，根据劳动者的职业性格特征来设计职业岗位，将具有不同职业性格的人分配从事不同的职业，可以充分发挥每个人的优势。

2. 各种职业的性格特点

（1）变化型

这些人在新的和意外的活动情境中感到愉快，喜欢经常变化的工作。他们追求多样化的生活，以及那些能将其注意力从一件事转到另一件事上的工作情境。

（2）重复型

这些人喜欢连续不断地从事同样的工作，他们喜欢按照一个固定的、别人安排好的计划或进度办事，喜欢重复的、有规则的、有标准的职务。

（3）服从型

这些人喜欢按别人的指示办事。他们不愿自己独立作出决策，而喜欢对分配给自己的工作负起责任。

（4）独立型

这些人喜欢计划自己的活动和指导别人的活动。他们在独立和负有职责的工作中感到愉快，喜欢对将要发生的事情作出决定。

（5）协作型

这些人在与人协同工作时感到愉快，他们想要得到同事们的喜欢。

（6）劝服型

这些人喜欢设法使别人同意他们的观点，一般通过谈话或写作来达到。他们对于别人的反应有较强的判断力，且善于影响他人的态度、观点和判断。

（7）机智型

这些人在紧张和危险的情境下能很好地执行任务，他们在危险的状态下总能自我控制和镇定自若。他们在意外的情境中工作得很出色，当事情出了差错时，不易慌乱。

（8）好表现型

这些人喜欢表现自己的爱好和个性的工作环境。

（9）严谨型

这些人习惯于注意细节，他们按一套规则和步骤将工作做得完美，倾向于严格、努力地工作，以便能看到自己出色地完成的工作效果。

（三）职业锚理论

所谓职业锚，是一种指导、制约、稳定和整合个人职业决策的职业自我观。主要包括：①自省的才华与能力，以各种作业中的实际成功为基础；②自省的动机和需要，以实际情境中的自我测试和自我诊断的机会以及他人的反馈为基础；③自省的态度与价值观，以自我与雇佣组织、职业环境的准则、价值观之间的实际碰撞为基础。

职业锚是职业生涯早期个人与职业情境相互作用的产物；职业锚的形成要经历一种探索过程，可能要更换好几次职业，才能开发出自己的职业锚，找到适合自己的职业轨道。它的功能是：帮助把工作时期感悟到的态度、价值观、能力等分门别类，找到适合自己的工作种类与领域；认识自己的抱负模式，确定自己的工作成功标准；对要求个人发挥作用的工作情况提出标准，找到适合自己的工作通路。

职业锚一旦被认识，就会使人根据下表（见表2-3）思考：我工作这么多年了，到底我趋向于干什么？我的职业锚类型是什么？我终生的追求是什么？现在的工作还能满足我的要求吗？我最好把我的职业锚抛在哪个领域？

职业锚还反映了一个人职业生涯选择时的着重点。例如，一个在政府机关工作五六年的人，又辞职搞研究，也许是因为他逐渐认识到自己是自主型职业锚，在地位、高收入和一个自由的生活方式之间的权衡中，后者更为重要。从我国的情况看，"把技术人才推上去"或者"发展自己的经理"是一条经常被组织选择的职业通路，它常常被证明十分有效，但易把那些具有技术锚、自主锚或稳定锚的人才推入痛苦的深渊。对个人而言，早期形成的职业锚为全部的职业生涯设定了发展的方向，这对个人才能的发挥具有决定性的影响。它对职业绩效的影响也往往超过了一般的岗位技能培训。

表2-3　职业锚

类型	典型特征	成功标准	主要职业领域	典型职业通路
技术型（技术取向）	职业生涯选择时，主要注意力是职业的实际技术或职能内容。即使提升，也不愿到全面管理的位置，而只愿在技术职能区提升	在本技术/职能区达到最高管理位置，保持自己的技术优势	工程技术、财务分析、营销计划、系统分析等	财务分析员→主管会计→财务部主任→公司财务副总裁
管理型（管理取向）	能在信息不全的情况下，分析解决问题，善于影响、监督、率领、操纵、控制组织成员，能为感情危机所激励，而不是拖垮，善于使用权力	管理越来越多的下级，承担的责任越来越大，独立性越来越强	政府机构、企业组织及其各部门的主要负责人	工人→生产组组长→生产线经理→部门经理→行政副总裁→总裁（总经理）
稳定型（安全与稳定取向）	依赖组织，怕被解雇，倾向于依组织要求行事，高度的感情安全，没有太大的抱负，考虑退休金	一种稳定、安全、整合良好合理的家庭、职业环境	教师、医生、幕僚、研究人员、勤杂人员等	更多的追求职称，助教→讲师→副教授→教授等
创造型（创新取向）	要求有自主权、管理能力、能施展自己的特殊才能、喜好冒险、求新的东西，经常转换职业	建立或创造某种东西，它们是完全属于自己的杰作	发明家、冒险性投资者、产品开发人员、企业家等	无典型职业通路，极易变换职业或干脆单挑
自主型（自由与独立取向）	随心所欲，制订自己的步调、时间表、生活方式与习惯，组织生活是不自由的，侵犯个人的	在职业中得到自由与欢愉，活得舒服	学者、职业研究人员、手工业者、工商个体户	自己领域中发展自己的事业与个人

第三章 人力资源管理风险

第一节 人力资源管理风险概述

一、人力资源管理风险的定义和"三层次管理论"

《现代汉语词典》中对"风险"的解释是：可能发生的危险，该定义不能准确地解释"人力资源管理风险"中"风险"的词义。

"人力资源管理风险"应当定义为"人力资源管理过程中随时会发生的危险"，人力资源管理中的风险可谓无处不在、无时不在，随时发生并且一定是会发生的，只要是管理就一定有风险。如果套用一句常用的提示语，"管理有风险，管理需谨慎"实不为过。

所有的管理工作归纳起来，不外乎通过三个层次加以实现，称为"三层次管理论"。

（一）控制风险

所谓控制风险就是在管理的初始阶段，没有任何导致管理失败的情形发生，风险的苗子是一定存在的，所以降低风险的危害度成了这一阶段工作的核心。比如人力资源管理的初始阶段就是大量的人员招聘、建章立制、内部管理流程设计等，起始阶段似乎并不存在太大的问题，但是如果前期工作没有做好的话，大量的隐患"潜伏"在企业内部，积聚了一定的能量就会爆发，产生巨大的危害，甚至造成企业最终的倒闭。而一个企业的生死存亡可能从它诞生的第一天开始就决定了，很多企业最终达到不可收拾的局面就是初创期埋下了"祸根"，而这种隐患的"潜伏期"有的很长，也许若干年之后才会爆发。所以所有的管理者从一开始就要严谨审慎，对风险要有清醒的认识，控制风险始于管理之初。

（二）产生效益

企业是营利性组织，因此，从其诞生的第一天起就是本着牟利的目的而存在，所以企业正当牟利的动机不仅无可厚非，而且应当积极鼓励。产生效益实乃"企业"两字的应有之义。当然企业必须遵守国家法律法规并且本着"追求利、超越利"的经营目的，希望企业家具有更为远大的眼光、宽广的胸怀经营企业，达到管理的第三阶段。

（三）实现价值

对一家企业而言，价值的实现内涵极为丰富，从微观而言指企业的品牌和知名度，其所代表的不仅仅是一个企业的品牌，更是一种文化。从宏观角度去探究企业的价值，那就更多了，如为社会提供大量的就业、为国家富强提供了税收，为人类文明提供了物质或精神食粮等，甚至可以改写人类的历史。企业家的价值通过企业的价值实现得到彰显，企业家在实现企业价值的同时实现了自我价值。

所以任何管理都可以用上述"三层次管理论"进行分析归纳总结，所有的管理之本义概莫能外。

二、人力资源管理风险特征

人力资源管理风险具有以下特征。

（一）突发性

风险的发生缺少征兆，或者往往不为人们所关注和察觉，因此人力资源的风险如果不是从一开始就时刻防范，那么，一旦发生却缺少应对措施，会使得企业管理者阵脚大乱，不知所措。

（二）高度不确定性

无论是风险发生之前，还是发生之后都很难预测风险的危害程度有多大、事件持续时间有多长、破坏性程序将会如何，因此风险一旦发生如果不是早有准备，几乎难以预测和控制。

（三）破坏性

风险发生如果不能及时有效地控制和遏制，将会导致企业品牌形象受损，公众对企业失去好感，甚至可能导致企业倒闭。

（四）公众性

风险爆发时企业很有可能成为媒体关注的焦点，尤其在互联网高度发达的今天，信息传播途径的多样化直接导致风险企业成为人们关注的焦点，何况"好事不出门，坏事传千里"，更容易使企业处于风口浪尖。

（五）复杂性

风险产生的途径多样性、原因多样性、解决方式多样性、参与人员多样性导致了风险的复杂性。

（六）双重性

风险产生之后，企业会成为媒体关注的焦点，如果处理得当，从某种意义上而言可以帮助企业提升知名度，因此，风险的产生也伴随着机会，但为保险起见，最好还是不要通过风险爆发的方式提升知名度，毕竟这是铤而走险的行为。

三、人力资源管理风险后果

人力资源管理的风险来源有很多，有客观的，也有主观的，而所有的人力资源管理风险后果都有下列共性。

（一）危害性大

人力资源管理风险所产生的危害较之其他风险要大很多，小到企业商业秘密的泄露，大到集体罢工导致生产瘫痪和社会不和谐，甚至会引发更大的动荡和冲突，因此，人力资源管理风险的重大特征就在于其危害性大。

（二）示范作用强烈

人力资源管理风险的后果具有很强的示范性，我们常常可以看到不少原本非常和谐的企业，由于某位员工将企业告上了仲裁庭和法院，并由此得到了一定的好处，于是众员工群起而仿效，该企业由此官司不断，诉讼连连，搞得企业管理者焦头烂额，有的一蹶不振甚至关门大吉。所以人力资源管理风险控制也是为了防止其风险的扩大和示范效应。

（三）解决代价高昂

纵观职场，大多数职场纠纷最终都是以金钱解决的，有的甚至因为管理方面的失误还付出了巨大的代价，人力资源管理中的失误更是如此。所以，防范人力资源管理中的风险归根结底是为企业降低成本。

（四）后续效应明显

一旦发生法律风险，即便可以通过亡羊补牢等方式加以解决，但是其后续效应非常明显，最为典型的就是士气大降、人员流失、人际关系紧张、劳资矛盾进一步激化、社会评价下降、招聘困难倍增、员工对企业认同感降低、领导者权威丧失、企业文化碎片化等负面效应逐步显现，需要花更多的时间加以弥补和挽回，当然也有可能如同"有裂缝的碗"再也无法恢复到原来的状态。

四、人力资源管理风险的原则

（一）科学性原则

人力资源管理风险具有一定的科学规律，要在各种科学原理的指导下，对所搜集的信息进行科学的分析与综合，找出导致组织风险的主要、次要因素和内外环境因素及内在的客观规律，在尊重科学的基础上，采取可行的预防和补救措施。

（二）系统性原则

人力资源管理风险是一个系统，它不能独立于组织其他预警管理系统而存在，它们之间应该是相互支撑的关系。另外，这一系统中也存在多个相互之间有机联系的要素，这些要素互相依存、互相影响。组织在实施人力资源风险管理时，应充分考虑与之有影响的内外部因素，如组织的战略使命、组织结构、人员的需求层次分析、价值观等各个方面，才能使整个系统功能达到最优。

（三）预见性原则

人力资源管理风险本身就具备预测和预报的功能，以降低人才流失、组织动荡等风险。因此，在事态发生之前应建立起应对的程序，通过指标监测，对组织风险进行识别、诊断和评价，及早地做出预警、预控对策准备。

五、人力资源管理风险的主要内容

人力资源管理风险的主要内容包括风险识别、风险评估、风险应对及日常监控几个部分。

（一）人力资源风险识别

人力资源风险识别是组织进行人力资源管理风险的重要部分，是人力资源风险应对的基础保证。识别是通过对监测信息的分析，应用预警指标对组织人力资源管理和风险状态进行判别，主要可以分为确定风险管理的目标、进行人力资源业务分析以及识别人力资源风险三部分内容。

（二）人力资源风险评估

人力资源风险评估对已被确认的风险和危机征兆进行损失性评价，明确组织在这些现象冲击下会遭受什么样的打击。诊断和评价是技术性的分析过程，为组织采取预控对策或危机管理提供科学的判断依据。

信息化管理越来越广泛地应用于人力资源管理中，人力资源管理风险也要借助这一高效的工具。人力资源管理风险信息系统包括信息采集、指标体系、信号输出和对策库等几大模块。信息采集是该系统的基础，用于全面、及时记录和收集组织人力资源管理过程中波动和失误的发生背景、发展过程与后果影响，并列出各种现象的分布领域和作用范围，然后将其表述为逆境现象的主要特征量。然后，应用科学的指标体系进行监测并实现程序化、标准化、数据化。因此，预警指标是对警情状况进行测度的基本工具。由于多数预警指标具有模糊性，可采用多级模糊评价法进行综合评价，对体系中的各指标赋权，将其综合评价值转化为图形的形式，比较直观地表述出来，这就是预警信号输出。

（三）人力资源风险应对

人力资源风险应对是根据预警分析的结果，对组织人力资源管理问题的早期征兆进行及时矫正与控制的管理活动，包括组织准备和风险预控两个部分。

1. 组织准备

组织准备包含对策制定与实施活动所需要的制度、标准、机制等软环境。其目的在于为预控对策提供必要的组织手段，也为人力资源管理风险提供组织训练及模拟危机管理。组织建设将服务于整个预警系统的全过程。例如，为防范人才流失，制定人员流失风险管理的制度和办法，为预控对策活动及危机管理提供组织保障。

2. 风险预控

人力资源管理风险贯穿早期的风险预控到晚期的危机管理的全过程，特别是在人力资源陷入危机时，风险的预控显得尤为重要。此时的危机管理是指日常监控活动无法有效扭转人力资源管理问题的恶性发展，组织陷入危机而采取的一种特别管理活动。它是在组织人力资源管理系统已经失去控制后，以特别的危机策略、管理手段、应急措施参与到组织的人力资源管理活动之中，其主要内容是危机策略的制定、危机的管理机制与应急对策的实施和完成。在处理危机时要遵循以下主要原则，即未雨绸缪原则、快速反应原则、真诚坦率原则、维护信誉原则。要做好事前危机调查和危机预测，拟订好危机管理方案；成立危机控制和检查小组；确定可能受到影响的人员；为最大限度地减少危机对企业声誉的破坏，建立有效的传播渠道；在制订危机应急计划时，可倾听外部专家的意见；把有关计划落实到文字，并不断进行演习；平时还要对有关人员进行特殊训练。

（四）人力资源风险日常监控

人力资源风险日常监控是对风险预警分析出的问题进行日常监测与控制活

动，具体可包括人力资源管理失误、风险数据收集及风险趋势分析等。其主要任务之一是对人力资源管理风险中的非优状态进行规避和化解，防止其扩展蔓延，并促使其恢复到正常状态。日常监测主要是对绩效考核、培训教育以及人才流失等方面进行监测。例如，绩效考核工作不力是许多企业人力资源管理中的普遍问题，需要采取标本兼治的方法，综合采用定性和定量的多种方法，建立敏感、可靠的评价标准，提升绩效考核的准确性。日常监测还包括人力资源危机模拟，如果在日常监控中发现问题并难以控制，人力资源管理问题可能会继续恶化，进而导致危机出现，针对此类问题，可对其进行假设和模拟，并提出针对性的对策方案，为组织未来的危机管理做好充分的准备。

第二节　人力资源风险的识别、评估与防控

一、人力资源风险的识别

（一）人力资源风险的识别过程

一般而言，风险管理起步于风险识别，其目标是为管理工作打下坚实的基础。只有正确识别出企业所面临的各类潜在与现实的风险，才能主动采取适当有效的方法进行处理，这就是人们通常所说的"对症下药"。具体而言，企业人力资源风险识别的程序主要是收集、整理企业历史资料，并开展实地调查，以获取更具时效性与准确性的信息。在此基础上，企业便需要组织专家形成"智囊团"，对企业已存在的风险或即将出现的风险进行认识与分析，旨在为企业人力资源管理风险提供科学决策依据。整个人力资源风险识别的过程可分为五个步骤，具体如下。

1. 收集历史资料

企业的历史资料能够较为准确地反映其以往的人力资源状况，在一定程度上可为预测企业未来可能面临的人力资源风险提供依据，因而历史资料的收集成为人力资源风险识别的第一步。同时，企业历史资料的收集方式不是唯一的，在世

界各国的管理风险过程中，企业历史资料的收集呈现出多样性，比如以保险公司以及行业协会提供的潜在损失一览表作为预测风险的依据，另外也可依靠企业自身的相关部门及人员开展该项工作。

2. 实地调查

实地调查是对企业历史资料的进一步确认，同时可以获取更为及时、准确的信息。实地调查的前提是制订一个周详严密的计划，明确调查目的，即"潜在人力资源风险"分析。实地调查必须讲求调查计划的科学性、有效性，适宜、合理的方法是实施调查的关键，而常用的调查方式有面谈法、观察法、风险分析问询法、以往损失记录法、失误树分析法等，将这些定性与定量的方式结合使用，进而获得最有用的潜在风险信息；在实地调查的实施过程中，需定期审核调查结果，准确把握调查工作进度，将非统计性偏差降至最低。

3. 整理资料

当实地调查完成时，需整理最初收集的历史资料和调查所得的资料，即研究人员对其加以编辑、汇总及分类、制表，使所有收集来的资料变成可供分析解释的有用信息。具体而言，资料编辑就是剔除不可靠、不准确以及与调查目的无关的资料，使剩余资料都具有可靠性与参考价值；汇总及分类是先对剩余资料进行分类并加以汇总，再根据调查目的，对已分成各大类的资料进行更为详细的分类；制表是在分类统计及汇总的基础上，将汇总结果以统计数字形式表示出来，使分析所搜集的有用资料更为简洁明了。

4. 专家评估

通过上述一系列的行动，企业确认了所搜集资料的全面性和清晰性。在此基础上，企业组织专家对人力资源风险发生的条件、发生的概率以及产生的影响进行判断与预测。另外，聘请的专家并不局限于具有相关方面高级职称的人才，同时包括具有相当扎实的管理风险及相关专业领域理论知识，并通过长期的管理风险实践积累了丰富经验和智慧的人员。

5. 出具报告及追踪

出具报告及追踪是人力资源风险识别过程的最后一个阶段，也是不可或缺的重要部分。出具的报告不仅要阐明对潜在人力资源风险的预测及应对建议，还应该说明实地调查所采用的方法、整理资料的依据与结果、缺失信息的描述等内容。同时，报告内容应尽量客观，避免主观的臆测与评判。另外，追踪作为必不可少的步骤，其目的是对整个风险识别过程进行事后控制，把握住风险识别的准确性与科学性，以求获得最佳识别效果。人力资源风险识别是企业人力资源风险管理的基础和起点，旨在辨认企业即将面临或者正在面临的各种风险的类型、性质以及风险发生的各种可能结果。人力资源风险识别的意义在于准确地辨明潜在的各种风险，充分发挥风险控制部门的职能，对这些风险进行切实有效的处理，尽力将企业出现人力资源风险的可能性控制在一个合理的范围之内。

（二）人力资源管理各环节风险的识别

目前，企业人力资源管理工作主要是围绕人力资源规划、招聘、培训、绩效考核、薪酬与激励、劳动关系这六大方面展开的，并且这些方面在人力资源管理过程中环环相扣、紧密相连，识别各环节潜在的人力资源风险是人力资源管理风险的重中之重。

1. 员工招聘风险

员工招聘是在明确企业人力资源需求的前提下，通过各种方式将具有特定岗位技能和良好职业道德的人才吸引到企业空缺岗位上的过程。因此，员工招聘是满足企业人力资源需求与调整人力资源结构的关键措施。但是，由于主客观因素的影响，企业有可能难以招聘到与企业文化相融合、与空缺岗位相匹配的员工，引致物质、资金和时间等方面的浪费，这种损失的可能性就是招聘风险。在员工招聘计划的制订与执行过程中，可能存在以下需要识别的风险。

（1）招聘成本的回报风险

一方面，员工招聘所花费的时间与费用较高，比如校园招聘，企业不仅需要支付员工出差费、招聘场地费，而且招聘人员在招聘期间必须放下本职工作，这也会产生一种时间成本。如果所甄选的人员不合格，企业付出的招聘成本将无法收回，甚至随着时间的推移产生持续的负面效应。

另一方面，企业忽视岗位的实际需求，一味拔高招聘条件，追求高层次的人才，这种情况往往只是增加了企业的人力资源成本，极容易出现应聘者到岗后与岗位的实际要求不相符的情况，大材小用，不仅不利于员工在企业的长期发展，也会造成人才的浪费。

（2）招聘渠道不恰当的风险

招聘渠道直接关系到企业能否招到人、招到什么人，如果所选择的招聘渠道不恰当，企业就可能产生招聘风险。比如，一些重要岗位招聘，企业通过普通招聘方式（如刊登报纸广告、参加招聘会等）很难招到合适的人才，因为真正成熟的优秀人才一般都会得到企业的重视，不会特别关注广告中的职位，也不会轻易到招聘会找工作。面对这种情况，企业要么招不到人造成岗位空缺，要么招到的人质量不高从而造成企业经营损失等。

（3）应聘者的道德风险

企业员工招聘或多或少存在信息不对称的情况，特别是人才进入企业后，其能力发挥是无形的，是企业难以提前预知和控制的，因而在员工招聘过程中企业无法准确判断人才现在的努力程度和行为是否与其未来发展相适应；另外，根据"理性人"假设，人往往倾向于做出对自己有利的决策，这也为员工招聘埋下了隐患，并会导致企业员工招聘中的道德风险。

（4）招聘效率与效果风险

员工招聘工作的成效在很大程度上取决于招聘速度，当多行业、多领域的大量企业同时招聘时，对应聘者的反应时间越短、反应速度越快，那么招到优秀人才的可能性就越大。如果招聘工作组织不到位，就可能导致招聘速度过慢，企业无法在最短时间内获得最适合的人才，致使招聘工作效率低下；另外，如果招聘工作组织不当，企业将很难以最少的资源消耗获得所需的员工，出现招不到人或者招到的人不合适等问题，导致企业人力资源招聘缺乏效果。

2. 员工培训风险

员工培训是指在增强员工对企业文化认同感的基础上，提高员工的工作技能和改善员工的工作行为。从企业的角度看，培训有利于实现企业目标；从个人的角度看，培训可以有效地满足员工的发展需求，实现个人价值。但是，任何事物都有双面性，企业在实施培训过程中仍要应对以下风险。

（1）培训政策不合理

培训政策是员工培训的依据，是实现培训目标的保障。培训政策包括与培训相关的规章制度，比如制定培训目标、培训机构的职责、培训机构的工作范围等，而且必须与企业具体情况相符合，否则难以实现预期的目标。有些企业未能对自身情况进行准确、深入的分析，制定的培训政策过于宽泛、粗放，甚至照搬其他企业的培训政策，导致员工培训无法达到预期目标。

（2）培训目的不明确

常言道"有的放矢"，员工培训要获得最佳效果，首先必须明确培训目的。但是，有些企业在培训之前未做需求分析，致使员工培训毫无目标，经常是流行什么就培训什么，这种方式的培训员工不仅得不到任何提高，而且还浪费了不少人力、物力以及时间。培训目的不明确就不能满足员工特别是核心员工的发展需求，后果可能就是导致核心员工的流失，给企业经营带来重大损失。还有一些目光短浅的企业为了节省培训成本，将员工培训作为一种应急措施，即在企业出现问题或者停滞不前时，才被动地开展培训，使得原本优秀的员工由于缺乏培训逐渐退化成不适应企业发展需求的员工，人才得不到有效的开发与利用。

（3）培训对象不清晰

谁应该接受培训？这是企业进行培训需求分析时必须认真考虑的一个问题，明确的培训对象是培训工作顺利开展的关键要素，也为企业培训的针对性与有效性提供了保证。有些企业忽视培训需求分析，由领导确定培训对象，导致需要培训的未得到培训，不需要培训的却接受培训，后果是不仅浪费了不需要培训的员工的工作时间，而且需要培训的员工由于未接受培训，其工作技能依然处于原有水平。综合而言，企业员工的整体工作效率并没有因为培训而得到提高，甚至可能使那些有培训需求的员工认为受到不公平待遇，对工作产生抵触情绪，进而可能降低工作效率。为了避免上述情况的发生，有的企业则实施全员培训，虽然解决了培训的公平问题，但这样做会使整个培训过程缺乏针对性，可能导致培训流于形式，而且全员培训需要大量的培训经费，这就增加了企业的培训成本。

（4）培训方法不恰当

培训方法是实现培训目标的重要影响因素，针对不同的培训内容与不同的培训对象，培训主体必须选择不同的培训方法。因为不同的培训方法有各自的优缺点和适用范围，如果企业未能根据培训对象与培训内容选择恰当的培训方法，则会导致培训难以达到预期效果，可能就会形成培训风险。

（5）培训评估缺乏

培训评估是整个培训过程的最后一个步骤，也是不可缺少的，主要是对培训组织工作、员工培训效果，培训主体等方面进行考核、评估，总结经验教训，为下一轮的培训工作以及人力资源管理的其他环节提供指导依据。当前的管理实践表明，有些企业尚未意识到培训工作的重要性，常把培训当成一次性任务来完成，一旦培训结束，就没有后续的评估工作，因而无法发挥员工培训的反馈指导作用。缺乏培训评估，培训效果的好坏对员工毫无影响，会使培训工作流于形式；同时，缺乏培训评估，难以对培训组织工作进行总结，无从了解企业培训出现的问题，对以后培训工作的组织没有任何借鉴意义。此外，缺乏培训评估，就无法核算培训的投入产出，也无从考核培训的经济效益，从而影响企业整体的成本核算和效益分析。

3. 绩效考核风险

绩效考核作为人力资源开发与管理的重要环节，是企业内许多人事决策（如报酬计划、人事调整、绩效改进和培训计划）的依据。但是，绩效考核在实际操作中会遇到很多困难，使其存在未能达到预期目标的可能性，这就是绩效考核风险。

（1）绩效计划风险

绩效计划的设计是从公司最高层开始的，将组织的战略目标层层分解到各个子公司及部门，并最终落实到每一个员工身上。如果绩效计划不能做到这一点，那么整个考核过程就会缺乏针对性，难以确定考核项目与考核对象，绩效考核也就失去了其意义。

（2）考核方法不当风险

恰当的考核方法是实现绩效目标的重要手段，但由于有的企业在绩效考核时没有充分考虑每一种考核方法的优缺点和适用范围，也没能根据岗位的具体情况选择适合的考核方法，导致绩效考核缺乏准确性与科学性。比如，企业对各部门所有人员均采用强制分布法，会使业绩好的部门员工产生不满；还有的企业过分追求量化指标，使得绩效考核变得烦琐、难以操作，容易陷入"量化陷阱"，同时也会增加考核成本。

（3）考核标准不明确和不可控风险

一方面，考核标准不明确体现为企业没有清晰界定考核指标的等级，笼统地用"优、良、中、合格、不合格"等进行评价，也没有相对具体的范围进行解释，评价时完全依靠考评主体的个人把握，对同一员工的工作，考评人 A 可能会评为"优"，考评人 B 则评为"良"，就会造成考评结果出现较大分歧，与实际结果相偏离的风险。

另一方面，考核标准的不可行体现为一个理论上完善的考核标准，在具体实施中与实际情况不符，随之就会产生风险。例如，某营销公司从思想、行为、态度、业绩等方面出发，设计了涵盖所有考核内容的一套完整的绩效考核体系，但实施效果并不理想，员工对此也有不满情绪，特别是公司内部的管理人员，其工作内容与销售业绩指标的相关程度微乎其微，那么采用这些指标对管理人员的考核是没有意义的。

（4）考核者胜任力风险

考核者是绩效考核的主体，直接影响着考核结果，如果考核者的准备工作做得不够充分，如对各类考核工具的掌握程度不够，或是专业知识不足，均会影响绩效考核结果。另外，由于主观因素的存在，影响着考核者的考核水平，包括晕轮效应、居中趋势、近期效应、偏见效应等。比如，晕轮效应容易让考核者产生"爱屋及乌"的错觉，如果考核者对被考核者的"工作效率"方面较满意，则可能忽略员工其他方面的表现，对其整体评价较高；居中趋势体现为考核者为了避免得罪人，对所有被考核者的打分都处于中间等级，使其相互之间的评价结果没有太多的差别，实际上，这样并不利于企业开展有针对性的奖励和培训；近期效应主要是考核者过分关注考核之前被考核者的短期行为，用近期评价取代长期评价，导致考核结果不够全面、深入；偏见是人的一种主观感受，如果考核者对被考核者存在偏见，无论是好是坏，都会影响考核者的客观判断，导致绩效考核结果有失真实性。

（5）考核结果应用风险

绩效考核结果的应用是绩效管理的关键环节，是将绩效管理与培训、薪酬、激励和职务调整等其他人力资源管理活动挂钩。一旦绩效考核结果未能加以应用，绩效考核就成为一个孤立且无意义的环节，员工的工作积极性以及进取精神就会受到打击，而且对组织战略目标的实现也起不到任何助推作用。值得注意的是，有的企业仅把绩效考核结果作为确定薪酬的依据，业绩成果越好，薪酬越高，但这种薪酬制度也忽视了员工的长期发展，容易在企业内部营造一种追逐短期利益的不正之风，对企业的长远发展有一定影响。

4. 薪酬与激励风险

薪酬与激励关系着员工的切身利益，是联结企业与员工的重要纽带，如果薪酬不合理、激励不到位就会引致人力资源风险的发生，其可以被称作"风险的催化剂"。因此，识别薪酬与激励两方面所暗含的风险因子，是企业人力资源管理风险的关键举措。

（1）薪酬风险

基于薪酬政策的制定与实施过程，可以将企业薪酬风险大致分为以下几种。

①岗位分析与评价风险。岗位分析与评价旨在对各个岗位的工作性质、工作内容、隶属关系、工作条件、任职资格等相关信息进行收集与分析，评价现有任职人员是否符合要求，并以此作为确定薪酬的依据。如果企业对各岗位的界定不够清晰，没有明确的岗位说明书，就无从考察各岗位在企业中的重要程度，也无法判断现有员工与岗位的匹配度，那么岗位薪酬的确定很可能就是由领导说了算，整个薪酬体系缺乏科学合理性，可能会出现员工的频繁流失现象。同时，不适当的岗位评价难以真正确定岗位的相对价值，也就不能保证薪酬体系的准确性与公平性，进而直接或间接地对员工的行为、业绩和工作满意度产生影响。例如，某企业对岗位评价出现偏差，对岗位的责任大小、工作强度、所需资格条件等方面定位不准，使得所有管理岗位的薪酬相差甚少，难以体现出彼此间的差异，那么相对重要的管理岗位的任职人员就会产生不公平感。

②薪酬调查风险。薪酬调查风险源于企业在进行薪酬现状调查时，由于所采用的标准和分析方法缺乏合理性与科学性，使得最后的薪酬调查结果失之偏颇，给企业薪酬体系的制定带来不利影响。薪酬是企业参与竞争吸引人才的手段之一，企业之间常常通过高薪从其他公司"挖走"优秀人才。但是，有的企业在制定薪酬体系时，为了节省时间、人力和经费成本，运用了不恰当的薪酬调查方法，如仅仅在网络上搜索一些未经验证的薪酬数据等，导致信息不对称，没有制定出在市场上具有相对竞争优势的薪酬，那么企业将会面临找不到适合的员工或者人才流失的风险。

③薪酬结构设计风险。薪酬结构设计主要是强调不同职务或不同技能水平所

得到的薪酬等级水平、不同薪酬水平之间的级差大小以及决定薪酬级差的标准，但是这种相互之间的比例关系不够合理，就会产生薪酬风险。比如，有的企业薪酬结构设计过于主观，不考虑市场薪酬水平、地方经济环境、政府法律法规等客观因素，可能导致企业薪酬水平缺乏行业竞争力，那么其吸引和留住员工的功能就难以得到有效发挥。有的企业为了鼓励员工提高工作业绩，单纯利用薪酬级差来体现员工之间的差距，这种激励方式虽然发挥了一定的积极作用，但是从长远考虑，在一定程度上违背了企业薪酬设计所遵循的相对公平原则，加之大多数员工本身都会不满意自己的薪酬，最终引致员工对企业薪酬制度的不满，不利于企业人力资源队伍的稳定发展。

④薪酬体系实施风险。薪酬体系的实施风险是在实施企业薪酬体系的过程中存在的风险，这种风险通常起源于道德风险与环境风险两个方面。其中，道德风险是指企业给予员工与其能力相当的薪酬，但部分员工可能会由于职业素养等道德思想存在问题，自觉或不自觉地消极怠工、谋取私利，甚至威胁到公司利益；环境风险是由企业内部与外部环境变化引起的。在企业内部环境发生变化时，如企业经营战略与组织结构的调整，导致其在实施中的薪酬体系难以跟上步伐。这种情况下如果企业没有及时对岗位职责以及任职人员的任职资格进行重新分析与评价，也没有适时调整和完善现有薪酬体系，那么企业薪酬体系就会失衡。另外，在企业外部环境发生变化时，如行业发展状况或是政府相关法律法规的变动，企业所实施的薪酬体系如果不能与市场薪酬水平实现良好对接，其后果就是要么员工流失率上升，要么企业人工成本增加，导致企业孤立于行业之外，对企业发展产生较大阻碍。

（2）激励风险

激励就是企业为了满足员工需求，竭力创造各种有利条件，以激发员工的工作积极性，使之为实现组织目标付出最大努力。但是，如果企业激励存在风险，就会对员工造成负面影响，不利于企业的长远发展。

①激励需求确定风险。激励需求确定风险是企业在确定员工需求的过程中存在的风险。"世界上没有两片相同的树叶"，同样地，每个人的需求也是不同的，如果企业没有以战略目标为导向，对不同部门、不同年龄、不同性别的员工需求进行详细调查，那么其最终确定的激励需求可能与员工的实际需求存在差距，而

据此制定的激励政策将无法发挥其功能。比如，如果一个优秀员工比较看重精神激励，渴望得到领导的认可，但是企业未能了解其需求，只是一味地给予其物质奖励，那么这个员工在心理上将无法得到满足，进而可能会对其工作产生一定的负面影响。

②激励方式不当风险。企业一般是采用物质和精神两种方式对员工进行激励，并针对不同层级、不同年龄、不同性别的员工，采取不同的方式。如果企业的激励方式一成不变，或是不能因人而异，其功能可能得不到充分的发挥，并且会在企业内部引起一系列人力资源管理问题，包括员工工作积极性降低、员工大量流失等。比如，某制造企业的部分高管人员从企业创立之初就与之共同奋斗，随着企业的发展壮大，薪酬待遇已不是这些高管人员的关注点，他们更希望得到总裁的理解和信任，获得更大的授权空间，做事不用束手束脚，但是该企业总裁过于守旧，一心想用高薪留住人才，使得这些高管人员不得已最终陆续离开企业。

③效果评估风险。效果评估风险是在企业实施激励措施后对其效果不能进行准确、科学地评估所产生的风险。在评估激励效果时，如果没有重点考察员工工作业绩及其努力程度，那么就不能获得关于激励效果评估的准确信息；同时，评价激励效果时，如果没有考虑客观因素，也会影响评价结果的准确性。比如，在评估股权激励措施时，倘若没有详细了解相关信息，包括股权激励在所有者与经营者之间是否发挥了协调作用、是否降低了代理成本、是否激发了管理层的工作热情等，也就不能对股权激励做出较为客观正确的实施效果评估。

④反馈和调整风险。反馈和调整风险是企业在反馈评估结果和调整激励机制的过程中存在的风险。企业实施激励机制时，如果忽略了组织内外部环境的变化，也没有合理依据员工绩效与工作态度的考核结果，那么其激励机制的反馈和调整就可能出现问题，就会对企业员工的工作产生不利影响，因为绩效考核结果是企业确定对谁激励、如何激励的基础，而组织内外部环境作为重要因素必须考虑其中。比如，企业实施了一段时间的股权激励，而在此期间公司内外部环境处于不断变化之中，那么公司就需要考虑这一点，并依据股权激励实施后员工工作绩效与工作态度的实际评估结果，考察现有的股权激励对企业及员工的未来发展是否适用、是否需要做出适当的调整。

5. 员工关系管理风险

员工关系管理是人力资源管理的重要内容，是促进企业经营目标实现的保障。但是，在管理企业员工关系时，如果企业在遵守国家法律法规和执行内部规章制度等方面存在缺陷，会使其员工关系管理出现问题，最终导致企业的人力资源风险。因而，识别这些员工关系管理风险，是维持企业与员工之间良好关系与完善企业人力资源管理的关键内容。

（1）未理解国家法律法规所形成的风险

员工关系涉及诸多国家法律法规，但是部分企业对这些法律法规一知半解，不能明确界定企业的哪些行为符合法律规定，而哪些又是违法的，那么其进行员工关系管理时可能会产生各类劳动纠纷，影响企业正常的经营活动，给企业带来一定的负面影响。

（2）未严格执行国家法律法规所形成的风险

有的企业为了追求私利，在明知违反国家法律法规的情况下，仍然损害员工利益，从而产生员工关系管理问题。根据国家法律规定，用人单位不得违法延长劳动者的工作时间，如果安排劳动者延长工作时间的，用人单位应当按照相应标准支付高于劳动者正常工作时间工资的工资报酬，但有的企业为节省人工成本而漠视这一规定，强制要求员工加班，并且不愿意支付加班费，这种情况下很容易与员工产生劳动纠纷，使企业利益受损。

（3）企业规章制度不完善所形成的风险

有的企业没有制定完善的内部劳动规章制度，导致进行员工关系管理时无章可循，其后果就是企业无视员工利益或是员工蔑视企业管理能力、管理水平与管理权威，在这种情况下就容易产生劳动纠纷，给企业的正常经营及利益造成损害。比如有的企业缺乏明确的奖惩制度，员工的奖励与惩罚完全取决于企业管理者的个人意愿，特别是当员工认为自身行为不足以受到惩罚，但又没有参照标准时，就会感到不服气，影响个人工作的积极性，严重的甚至会与企业产生劳动纠纷。

（4）人力资源档案管理不善所形成的风险

人力资源档案涵盖了每一位员工各方面的个人信息，是企业最重要的人力资源数据资料，也是人力资源管理必不可少的内容。对人力资源档案管理不善可能会导致员工个人信息的丢失、泄露等问题，那些自身利益受到损害的员工就会与企业产生劳动纠纷，对其他员工和行业形象都会造成不良影响。有的企业利用个人档案来控制员工，在员工离职后，迟迟不愿意为员工办理档案转移手续，进而和员工产生矛盾，甚至有可能引起法律诉讼，影响企业的声誉和利益。

6. 企业高管团队风险

企业高管团队是企业重要的人力资源群体，其风险对企业的影响非常大。一般来说，高管团队的风险包括：高管团队结构风险（高管团队结构配置不合理导致的风险）、高管团队岗位配置风险（高管团队岗位配置、责任配置、权力配置不合理导致的风险）、高管团队冲突风险、高管离职风险。

就高管团队岗位配置风险而言，不同的高管人员具有不同的人格特质，从而适合于不同的管理岗位，如果配置错位，便会产生风险。

二、人力资源风险的评估

人力资源风险评估的方法多种多样，每一种方法都存在长处和不足。在实际操作过程中，需要根据实际情况，综合运用几种方法，才能产生最佳的效果。常见的风险评估方法有以下几种。

（一）定性评估方法

1. 表格和问卷调查法

在进行风险识别时，可以根据相关人力资源风险管理人员的知识和经验设计风险识别表格和问卷作为工具。运用表格和问卷可以帮助非专业风险管理的管理者系统地识别人力资源风险。表格和问卷调查法相比于其他方法，更适合非专业人员使用。

2. 风险列举法

借鉴企业的管理经验识别企业人力资源中的潜在风险，是风险管理者采用风险列举法的关键。传播得最为广泛的风险列举法是流程图分析法。

3. 风险因素预先分析法

风险因素预先分析法是指在每一项培训活动开始之前，对所存在的风险因素类型、出现的条件、导致事故的后果预先做一个概略分析。需要注意的是，风险因素预先分析法只适用于人力资源风险发生之前。管理者可以在人们面对新的人力资源管理活动，无法借鉴以前的经验时采用这种方法。此时，可以提前发现人力资源风险因素，预先采取补救措施，从而将可能造成的损失降到最低。

4. 安全检查表

安全检查表是指在科学分析人力资源系统的前提下，找出系统中潜在的风险因素，最后将这些潜在因素列成一张表格。安全检查表是分析事故的常用方法之一，也是识别人力资源风险的有效工具。

5. 事件树分析法

可以运用到人力资源风险识别中的事故分析方法还有事件树分析法。事件树分析法是指按照逻辑方法重演事故发展过程后事件构成要素的发生顺序与状态，并根据要素的状态确定系统的状态，得到事故发生的条件与原因。

事件树分析是对人、机、环境等各方面进行综合分析，对事物发展的各个环节进行判断而得出系统发生的各种可能结果。成功和失败是这些事件可能存在的两种状态，任何人力资源危机的产生都是一系列事件依次发生的结果，将事件的不同状态进行组合后得到的结果各不相同。针对宏观环境的分析使得管理者能通过这种方法掌握人力资源危机发生的规律，从而控制危机的产生。

（二）定量评估方法

1. 单因素风险评估方法

（1）简单风险评估方法。风险评估方程为：

$$Y = \sum_{i=1}^{n} P_i L_i$$

式中，Y 为系统实时风险；n 为监测指标个数；P_i 为第 i 个监测指标发生的频率；L_i 为第 i 个监测指标导致系统事故所造成的损失。

（2）风险矩阵评估法。风险矩阵是在人力资源管理过程中识别风险（风险集）重要性的一种结构性方法，还是对人力资源风险潜在影响进行评估的一套方法。

2. 多因素风险评估方法

影响企业人力资源管理的因素众多，要建立科学的风险预警体系，应该将各因素对风险影响的程度、各相关因素之间的相互影响程度，做一个量化的分析。由此可见，在进行风险评估时如何确定系统内各评价指标的权重是重中之重。如果有足够可靠的历史资料作为依据，那么根据数理统计理论，对历史数据进行分析以得出相关系数是风险评估的一种方式。但在历史数据不太可信、环境变化快或者针对风险进行前期监控的情况下，管理者们必须寻找新的评估方法。

（1）BP 神经网络。BP 神经网络是目前运用的最为广泛的人工神经网络之一。人工神经网络是指通过将神经元组成特定的网络结构，模拟人脑神经网络建立的数学模型。由于它具有自适应性，当处于不同系统中时，能自行调整网络内部各节点之间的相互连接关系，完成分布式的信息处理工作。同时，它还具有极强的自主学习能力，可以通过输入和输出数据的预先设定，分析学习其互相存在的规律，然后依据这些规律，最终形成稳定的函数和网络结构，这个学习分析的过程就是网络的"训练"。

相较于其他人工神经网络，BP 神经网络具备非线性优化及模糊性操作强的优点，能在对复杂系统进行仿真、处理信息分类和非线性优化逼近方面起到重要的作用。在风险预警研究中，BP 神经网络已得到广泛运用。风险的不确定性使得人力资源风险评估也有很大的模糊性，因此在评估人力资源风险时也能运用BP 神经网络的方法。

（2）多级模糊层次综合评判法。多级模糊层次综合评判法是层次分析法与模糊集合理论的结合。层次分析法是由美国著名运筹学家萨蒂（Thomas L. Saaty）提出的，它能对非定量的事物进行评价，也是对定性指标进行评估的有效工具。其实施步骤为：第一步，问题分解，以问题的性质和将要达到的总体目标为依据，将问题分解为组成因素；第二步，因素组合，以各组成因素之间的相互关系为依据，在不同的层次将各因素进行组合，得出一个多层次的分析结构模型；第三步，确定分析结构模型中最底层相对于最高层的相对重要性的权重值。与传统的权重确定方法相比，层次分析法通过分层次、单目标、单准则、两两对比判断的方法进行比较，更加客观。同时，采用 1~9 比率标度法，方法简单实用。

层次分析法可以对属于不同层次的各种因素的状态进行数量化的综合分析。而风险具有复杂性与随机性，风险管理的目的是在缺乏关键数据、风险结构复杂的情况下量化管理者的经验，因此层次分析法也适用于风险预警研究。

风险预警研究的模糊性表现在三个方面：只能定性描述的预警指标；人与人之间错综复杂的关系；企业安全管理波动状态的测度。为解决模糊性，可将模糊数学引入风险预警研究中。

三、人力资源风险防控基本策略

为了降低风险发生的概率以及减少风险所造成的损失，企业经过上述的风险识别、风险评估之后，就会根据人力资源风险评估结果确定相应的风险管理策略，主要包括以下几种：

（一）风险回避策略

风险回避策略是指企业在面临人力资源风险时以放弃或者拒绝承担风险作为应对方法，以避免损失发生的可能性。当企业预测到人力资源风险发生后所造成的损失超过了该行动可能获得的利润，而管理者又没有比较恰当的应对策略时，风险回避便成为首选策略。一般情况下，人力资源的风险回避策略分为完全回避和部分回避两种。完全回避是只强调风险给企业经营目标造成的损失，完全不考虑伴随风险可能带来的盈利机会；部分回避是基于回避收益与回避成本的比较所确定的策略，如果回避收益大于回避成本，则选择回避风险，反之就可以不采取风险回避。比如，企业要聘任一位高层管理者，根据其背景调查信息，这位高层管理人员的管理才能和管理经验都相当丰富，而且与企业需求相符，但问题就在于这位高管曾多次带领自己的团队跳槽。这种情况下，如果企业不考虑高管及其团队可能会给企业带来的利益，而是担心其再次跳槽，那么企业就会采取完全回避策略，即不聘任这位高管；如果企业通过成本分析及非经济因素衡量，认为这位高管及其团队有利于推动企业经营目标的实现，那么企业就会选择聘用这位高管，因为规避收益小于规避成本，则无须进行回避。

（二）风险减轻策略

人力资源的风险减轻策略可以包括两层含义：一是在人力资源风险发生之前，通过控制风险因素，尽量降低风险发生的可能性；二是在人力资源风险发生时，采取一定的主动措施，控制风险发生的频率和降低风险所造成的损失。一般情况下，风险减轻策略的具体实施措施包括：①科学预测，如人力资源需求与供给预测等；②人才储备计划，防止或减少因人员流失而造成的岗位空缺；③人员培训计划，持续提高员工工作技能与职业素养，减少人岗不匹配等问题出现的可能性；④及时与政府部门沟通，了解并贯彻国家及地方劳动法规与政策。例如，有的企业会发布招聘管理培训生、储备干部等信息，其主要目的是储备和培养人才，一旦企业某些岗位出现空缺，其他符合条件的人就能及时填补，使企业可以保持正常的工作秩序，从而降低因岗位空缺给企业带来的损失。还有的企业为了控制人力资源流失风险，在劳动合同中与员工协商约定：一些特殊且关键的核心技术人员在离开公司后，在规定时间内不得从事与本企业形成竞争关系的业务活动等，其目的就是降低因员工流失所产生的风险损失。

（三）风险转移策略

人力资源的风险转移策略，就是企业将自身潜在的人力资源风险转移给其他组织或个人，以降低风险发生时给企业带来的损失。人力资源风险转移策略最常见的方式是保险策略，是以一种合同的形式进行风险转移，比如企业为了保障人力资源安全，与保险公司合作，为员工提供医疗、工伤、生育等各类保险。有的企业为了提高招聘效率，与各类人力资源中介机构合作，将人员聘用、培训等相关风险进行转移，尽可能避免可能带来的损害。

（四）风险接受策略

人力资源的风险接受策略是指风险损失在企业财力和能力的可承受范围之内，企业能够通过自担和自保对风险损失进行自我消化。比如，有的企业属于生产制造型，其车间一线工人数量较多，在员工保险方面难以兼顾，如果出现生产事故，且这种事故发生的概率较低，而事故所造成的损失又在企业能够承受的范围，那么企业就会通过与员工内部协商的方式，给予员工一定的经济补偿，以消除或降低可能因事故产生的人力资源风险。还有的企业面对职业素养较低的员工所带来的风险时，如商业机密的泄露等，利用法律手段维护自身利益，即利用自保策略以避免可能给企业带来的灾难性损失。

第四章　大数据环境下的人力资源管理

第一节　大数据概述

一、大数据的内涵及特点

（一）数字化与大数据的产生

美国科学家戈登·摩尔（Gordon Moore）在 1965 年提出了著名的摩尔定律：在价格不变的条件下，每隔 18~24 个月，集成电路可容纳的元件数量可增加 1 倍，即集成电路的性能增加 1 倍，因此，计算机的性能也将增加 1 倍。摩尔定律揭示了计算机性能随着时间呈指数型增长的规律。由于计算机性能的提升及其善于处理数字信号的特点，越来越多的数据以数字数据的形式记录下来。数字化信息具有传播速度快、动态性强、更新快等特点。数字化成为大数据产生与发展的必要条件。

（二）大数据的内涵

大数据被定义为代表着人类认知过程的进步，数据集的规模是无法在可容忍的时间内用目前的技术、方法和理论去获取、管理、处理的数据。

数据是对客观世界的测量和记录。而大数据本身是一个比较抽象的概念，单从字面来看，它表示数据规模的庞大。但是仅仅数量上的庞大显然无法看出大数据这一概念和以往的"海量数据"（Massive Data）、"超大规模数据"（Very Large Data）等概念之间有何区别。

（三）大数据的特点

随着对大数据认识的不断深入，大数据总结出越来越多的特点。最早也最无争议的是 3V 模型，即规模性（Volume）、多样性（Variety）和高速性（Velocity）；之后又产生了 4V 模型［IBM 认为大数据还具有真实性（Veracity）的特点］；此后发展成为 5V 模型［国际数据公司认为大数据还应当具有价值性（Value）］。

1. 规模性

用来描述大数据的数据量巨大，这是大数据区别于传统数据的首要特征。世界上现有的 90% 的数据是在过去两年中产生的，数据量呈爆炸式增长，尤其是来自互联网的数据往往只能用"拍字节"（PB，1PB＝1024GB），"艾字节"（EB，1EB＝1024PB），"泽字节"（ZB，1 ZB＝1024EB）来度量。而在国家组织领域中，如今接收的数据量已经用"尧字节"（YB，1YB＝1024ZB）来表示。

2. 高速性

用来描述大数据的数据产生和传播的高速，而且这个高速还在不断加快。

3. 多样性

大数据包括多样化的数据格式与形态。大部分的数据是非结构化的，包括文本、音频和视频等格式，而且还不断地有新的数据格式产生。

4. 精确性

对数据质量进行描述，大数据所包含数据的数据质量通常参差不齐，为数据分析的精确性造成了困难，很多传统的数据处理方法已经不再有效。

5. 价值性

对大数据进行科学的数据挖掘分析可以发现其中包含的深度价值。

尽管大数据具有以上诸多有意义的特点，但在实际应用中，大数据也具有难以搜集和使用的特点，这也是大数据发展中最大的障碍之一。

（四）大数据思维

思维方式是指人的大脑活动的内在特点，包括方式、方法、程序、角度等。思维方式的产生受到环境与时代条件的影响与制约，进一步影响了人的行为方式。

大数据思维的对立面是工业化思维，工业化思维是指工业化阶段产生的与当时生产方式相适应的思维方式。例如，强调标准化、规模化、规范化等。经济基础决定上层建筑，生产力水平与生产方式决定了人们的思维方式。相较农业社会的农耕思维方式，工业化思维无疑是一种历史的进步，但又无法满足当今新的生产力水平和生产方式的要求。因此，大数据思维的产生和发展也就成了必然趋势。

同时，大数据思维是伴随着人们可以收集、利用的数据极大增长而产生的一种新的思维方式。不同体量的数据下的思维方式分别概括为机械思维、直觉思维和数据思维。①机械思维对应于小数世界。需要大胆假设、小心求证。经过做出假设、建构模型、数据证实、优化模型、预测未来等几个步骤，发现其具有确定性、简明性、普适性等特点。经典的力学定律等都是机械思维的代表。②直觉思维对应于中数世界。人脑对于突然出现在面前的事物、新现象、新问题及其关系的一种迅速识别、敏锐而深入洞察，直接的本质理解和综合的整体判断，具有迅捷性、直接性、本能意识等特点。③数据思维对应于大数据世界。它是一种新的、客观存在的思维观，即全量取代样本、混杂取代精确、效率取代精准、相关取代因果、不确定取代确定性、概率性思维凸显。

具体说来，大数据思维具有以下特点。

1. 强调"一切皆可量化"

大数据思维是将一切形式的信息量化与数据化的思维方式。信息社会与工业社会相比，量化的对象大大增加了，颗粒度更加细微了。如今，文字、图像、声音、视频、电影都可以数据化。我们周围的一切乃至我们自己都可以用数据来描述。

2. 强调"数据也是生产要素"

在农业时代，土地是最重要的生产要素；工业时代，资本是最重要的生产要素；而在信息时代，数据可能成为新的重要生产要素。所谓生产要素，是指社会生产经营活动所需要的各种社会资源，是维系国民经济运行及市场主体生产经营过程中所必须具备的基本要素。走进大数据时代，应该认识到，大数据是一种生产要素。将它共享于社会，能够创造出新的生产力；将它应用于企业生产管理系统，可以创造价值，进一步提高企业生产效率与服务效益；将它应用于更为广泛的社会管理领域，可以创造出巨大的社会效益与经济效益。

3. 强调数据的完整性

目前人们已经掌握了大规模数据的存储、分析和处理办法，可以依靠大数据对全部数据进行分析。大数据研究者需要将全部数据收集、存储起来，进行有目的的分析处理。此前由于信息收集和处理能力有限，社会科学研究中往往采用抽样调查的方法，用样本的情况来预测总体的情况，这也对样本的代表性提出了较高的要求。而采用全部数据进行分析无须研究者主观选择数据以及用样本预测总体情况，进一步提高了分析结果的准确性。

4. 强调数据的复杂性

小数据强调数据的精确性，大数据则强调数据的复杂性，客观世界是复杂的，只有承认客观事物的复杂性才能认清和把握世界，更深入地了解世界本源，避免因忽略了某些信息而造成认知与决策的失误。大数据的庞大规模允许研究者利用多个源头的数据相互印证一个事实。庞大的多维度数据为研究者提供了更广泛的分析角度，以便更加准确地描述事物真相。

5. 强调事物的关联性

世界万物的一个基本特点就是相互之间存在某种联系，即相关性。但人们往往过于重视因果关系而忽视了相关关系。其实，相关关系是因果关系存在的必要前提，挖掘数据的相关性有利于更好地发挥数据价值。

6. 强调事物发展规律性

世间万物都有规律，有时人们感到不好把控、难以描述，往往是因为观察不够。大数据思维，重视从多方面收集信息，多角度分析数据，从而较容易认识到隐藏在事物背后的大概率现象，即规律性。从这样的意义上讲，大数据思维能够提升人们对于事物本质的认识，以便于更好地认识与改造世界。

二、大数据分析

(一) 大数据分析的特点

随着数据存储和分析技术的改变，大数据分析相比于数据分析产生了诸多变化，使很多在数据分析中无法实现的操作成为可能。

1. 不是随机样本，而是全体数据

很长一段时间以来，准确分析大量数据是一种挑战。过去，因为记录、存储和分析数据的工具不够好，我们只能收集少量数据进行分析。为了让分析变得简单，我们会把数据量缩减到最少。如今，技术条件已经有了非常大的改善，我们可以向着利用所有数据的方向去转变。舍恩伯格认为，当我们可以轻易收集和处理数据时，我们必须建立起"样本＝总体"的思维方式，即收集所有的数据。

2. 不是精确性，而是混杂性

在越来越多的情况下，使用所有可获得的数据变得更为可能，但为此也要付出一定的代价。数据量的大幅增加会造成结果的不准确，与此同时，一些错误的数据也会混进数据库。从"小数据"向"大数据"转变需要学会接受这些错误数据。因为放松了容错的标准，人们掌握的数据也多了起来，还可以利用这些数据做更多新的事情。这样就不只是大量数据优于少量数据那么简单了，而是大量数据创造了更好的结果。

3. 不是因果关系，而是相关关系

有了大数据的相关分析，人们可以先发现结果，再分析原因；而不是像以往先探究原因再去印证。相关关系为管理者的管理提供了直接的答案，很多情况下，管理者只需按照大数据所揭示的答案直接操作便可，而不需要再探究答案为什么是这样。

(二) 大数据价值的衡量

大数据是一项应用技术，只有在各行业的应用中才能发挥其实用价值。大数据的价值取决于5个维度：数据的颗粒度、新鲜度、多样性、关联度、规模度。这些维度强调了大数据在深入程度、时效、维度、相关性和规模等方面的特点。

如果要使数据成为资产，需要满足以下三个条件：

第一，"所有权"，也就是说不一定是企业在内部信息系统中拥有的数据资源，也可能是通过合作，从外部获取使用权的各种数据形式；

第二，"未来收益权"，是指直接或间接导致资金或现金等价物流入企业的潜力，这种潜力可以将数据作为一种经济资源参与企业的经济活动，通过为企业的管理控制和科学决策提供合理依据，降低和消除了企业经济活动中的风险，从而预期给企业间接带来经济利益，也可以通过交易或事项直接给企业带来经济收入；

第三，"可以货币化"，这是一般资产定义的必要属性之一。但是目前还不具备完善的数据资产价值评估方法，如何以货币形式对数据进行估价成为数据资产形成过程中的一个难题。

对此，出于对数据价值的认可，一些企业在业务需求的拉动下，尝试采用限额等量交换的方式进行数据交换；也有一些公司以单对单的方式定价出售数据。但在缺乏交易规则和定价标准的情况下，数据交易双方交易成本较高，直接制约了数据资产的流动。金融市场是现代金融体系的重要组成部分，由于其具有融资、调节、避险和信号的功能，对于资产的优化配置和合理流动起到了巨大的促进作用。与之相似，推动数据交易市场的建设必然能加速数据资产化的进程。

大数据正在形成一种新的生产力。但是，建立与大数据生产力相适应的生产关系和制度是一个非常大的挑战。目前，大数据正面临着一系列的问题，比如数据的所有权、数据的隐私保护等。让大数据成为一个新的商业和经济要素，围绕数据形成一系列制度创新，这是未来的一个制度大挑战。

（三）大数据分析的过程

大数据分析包括大数据取得与整理及大数据分析与应用两个基本环节。

1. 大数据取得与整理

大数据取得与整理包含数据收集、数据存储、数据计算三个环节。

（1）数据收集

虽然目前数据产生的速度极快，量级极大。然而，数据往往分散在各种信息渠道上，如果不能根据需求有目的地收集和汇总数据，零散的数据难以支撑大数据的研究，缺少了聚集效应的数据也无法发挥其应有的价值。因此，大数据分析的第一个环节是将分散的数据收集起来。

大数据技术在应用过程中对数据源的使用主要呈现出两种状态。

第一种，稳定的数据源能提供充足的数据。这种情况在 IT 行业内部较为普遍，数据每时每刻都在不断地大量生成，比如互联网平台的日志数据，又如电商平台的交易记录等。

第二种，先确定大数据分析要达成的目的或者要解决的问题，根据确定的商业理解来构建算法和数据模型，然后再回溯获取所需的数据。当大数据技术与其他行业结合时，这种情况就更加常见，例如，在人力资源领域运用大数据技术分析某一类型岗位的需求度时，就需要行业和不同公司提供这一类型岗位所需的知识背景、能力技能和健康状态等方面的数据。而且随着算法模型逐渐演化得更复杂，需要补充更多、更全面的数据。

在数据收集的过程中，网络爬虫（Web Crawler）已经被广泛使用。网络爬虫又被称为网页蜘蛛或是网络机器人，它可以系统性和持续性地从互联网上获取数据。最新的网络爬虫使用了大数据存储和计算机技术，可以把互联网上的数据全部收入系统。大家所熟悉的搜索引擎，如百度和谷歌等公司背后都有网络爬虫技术的应用和支撑。

（2）数据存储

收集起来的数据需要放入大数据数据库进行存储，以便后续应用。总体来说，大数据数据库需要达到三个标准（3H）。

①高性能（High Performance）。满足对大规模数据的读写和检索的需求。对于拥有大量用户的互联网应用，满足用户的同时访问是一个挑战。网络访问如同交通一般，如果大量用户同时访问就类似于上下班的通勤高峰容易形成交通堵塞。

②高存储量（High Storage）。满足对海量数据的高效率存储和访问的需求。计算机应用为了把数据保存起来会把数据写入硬盘中，这一过程被称为持久化。互联网上，每时每刻都有大量的数据被写入硬盘保存起来，根据使用场景的不同，数据会被保存在硬盘上不同类型的数据库中。随着大数据时代的来临，满足大数据使用场景的新型数据库不断地被创造出来，而且还在不断地改进和优化。数据在不断地增长，而这些数据库则会不满足地把数据不断吞入。

③高扩展性和高可用性（High Scalability and High Availability）。在大数据时代，数据增长的速度往往超出人们的预期，在数据库使用一段时间达到存储极限之后就需要对其进行扩展。现有的大数据技术通常使用集群技术来实现扩展，这

样做的好处是能够降低对原有业务和架构的影响，与此同时，采用集群的方式可以方便地实现数据分布式存储和冗余机制；把同一数据存储在不同的节点上，即使个别节点的数据损坏，仍然可以通过其他节点得到恢复，以此获得更高的数据可用性和可靠性。

（3）数据计算

仅仅实现数据存储是远远不够的，数据的存储与数据计算紧密相连。对数据进行任何的操作都会涉及同一个过程：从数据存储介质中获取目标数据，把读取的数据传送到 CPU 中进行计算，然后 CPU 把计算的结果数据保存到数据存储介质中。由于数据处理量的庞大，目前多采用分布式并行计算的处理方式。把一个大的计算任务分解成多个可并行解决的小任务来执行，在每个小任务完成之后再进行汇总。

2. 大数据分析与应用

大数据分析的另一个重要环节就是数据的分析与应用，这里主要介绍数据挖掘、机器学习和数据库与数据仓储技术三方面的内容。

（1）数据挖掘

数据挖掘是从大量的、不完全的、有噪声的、模糊的、随机的实际数据中，提取隐含在其中的、人们不知道的，但又潜在有用的信息和知识的过程。

广义的数据挖掘等同于"在数据中发现知识"，是指一切知识发现的环节。狭义的数据挖掘只是知识发现过程中的一个基本步骤，知识发现过程涉及的步骤依次为：

数据清洗：消除噪声和删除不一致的数据。

数据集成：多种数据源可以组合在一起。

数据选择：从数据库中提取与分析任务相关的数据。

数据变换：通过汇总或聚集操作，把数据变换和统一成适合挖掘的形式。

数据挖掘：基本步骤，使用智能方法提取数据模式。

模式评估：根据某种兴趣度量，识别代表知识的真正有趣的模式。

数据挖掘融合了统计学、机器学习、数据库与数据仓储、高性能计算和众多计算机应用领域的技术。由于数据挖掘与商业应用之间表现出很强的关联性，近年来，机器学习和数据库与数据仓储技术变得更加热门。

（2）机器学习

机器学习算法主要包括监督学习、无监督学习、半监督学习以及强化学习四种。监督学习和无监督学习的区别在于，监督学习的训练数据不仅有输入数据，而且有输出的目标值，学习效果可以比照目标值进行修正；而无监督学习没有目标值，属于开放性问答。监督学习的主要任务包括分类和回归。无监督学习的主要任务是聚类、降维处理和关联分析。半监督学习是结合了有标签数据和大量未标记数据进行训练，旨在通过少量的标注样本来提高模型的泛化能力。这种方法特别适用于标注成本高或困难的任务，通过利用数据的内在结构来增强学习效果，从而在减少对标注数据依赖的同时，实现更高效、更准确的预测和分类。强化学习是一种非常类似于生物学习过程的机器学习方法。它的因素包括进行学习的对象、环境和对象状态、对象的动作和反馈。简单说来，就是在与环境交互的过程中，对象完成动作，据此给予对象反馈——奖励或者惩罚，通过这个过程来使对象进行学习。

（3）数据库与数据仓储技术

在数据挖掘过程中最丰富、最常见的数据来源是关系型数据库。关系型数据库的整理需要遵循一系列的规则，即范式。它包括各种类型的表，表的内容则是记录的数据。数据库系统全称为数据库管理系统（Database Management System，DBMS），在20世纪70年代发展成熟，很快便应用于商业领域成为信息系统不可或缺的一部分，包括了客户关系管理系统（CRM）、财务系统、物流系统以及之后的企业资源计划系统（ERP）等。数据仓库又被称为企业数据仓库（Enterprise Data Warehouse），其技术的出现完全是因为商业需求的推动。它的主要特征包括：面向主题（Subject-oriented）、集成的（Integrated）、时变的（Time-variant）和非易失的（Nonvolatile）。数据仓库从不同的数据来源收集异构的数据，经过处理形成同构的高质量数据，然后数据仓库对于特定的主题进行数据建模，如销量、顾客、物流等。数据仓库把结果通过报表和知识可视化方式输出，进而提供决策支持。

三、大数据在企业中的应用

(一) 企业数据的应用

大数据意味着一个大时代，对于企业来说，大数据也将会有广泛且深入的影响。电商们在利用大数据进行准确、智能化的广告推送，很多创新意识突出的商业地产在利用大数据推行其智能商业的概念，谷歌、微软等 IT 大佬早已扎根大数据并谋划未来，大数据还可以被用于企业管理，例如，老板们可以运用大数据监测员工的情绪，掌握员工的动态。大数据的应用类别可以归纳为以下五个方面。

1. 通过大数据创造透明度

数据是相对标准化的语言，在环节、流程或部门均能够实现数据化并且能够在有效共享的情况下，大数据通过透明度的增强可以带来效率或效益的提升。史蒂文·约翰逊（Steven Johnson）在《伟大创意的诞生》一书中所述的液态创新环境，在大数据的条件下成为现实，这样的环境对于创新的推动将非常有效。例如，在制造业领域，通过研发、设计、制造等各个运营环节由数据整合即可带来大量的时间节约和显著的质量提升。

2. 通过大数据进行分析预测

现在的商业环境变化十分剧烈。对于企业今后的活动来说，在将过去和现在进行可视化的基础上，预测接下来会发生什么事情尤为重要。对大数据进行分析，是企业预测的有效手段。

3. 利用大数据将个性化做到极致

零售商通过大数据，甚至可以把市场细分到每一个客户，以推出完全个性化的服务或产品。在大数据的世界下，数据化的个体客户将是透明的，因此在商业经营中，个体都有可能成为特殊的"上帝"。

4. 基于大数据的自动化算法可以高效、准确地辅助人为决策

例如，利用根据大数据进行自动化的库存调节，或者进行适时的价格响应等。

5. 利用大数据创造新的商业模式

在大数据时代里，有无数的创新型商业模式在等待企业去挖掘。

(二) 企业大数据的来源

大数据应用的基础是大数据的积累。获得大数据的方式，可以来自企业自身，也可以来自外部渠道。

1. 企业内部大数据的来源

(1) 来自企业数据化的档案

每个企业都会有历史档案，一些企业还会有很多。历史档案资料中，那些与财务、客户、员工、地理、人文，甚至是天气等相关的资料蕴含着可观的数据挖掘潜力。著名的"啤酒与尿布"的故事就是通过对历史销售数据进行分析，才发现两者之间的相关性。又如，在房地产企业的销售中，可以通过历史档案数据与当时天气、地理等数据的结合，有针对性地开展一些营销活动。当然，利用历史档案的前提是档案的数据化，借助于现代的图像、文字、音视频等的识别技术，将大量的历史档案转化为数据资料，是档案大数据挖掘的重要基础。

(2) 来自企业信息化系统

企业的信息化系统包括 OA、ERP、CRM 等多种类别。在这样的信息化系统中，每天都会有大量的数据产生并沉淀。例如，OA 系统中各种办公流程所产生的人事、财务、业务、项目等方面的数据，以及后台的日志数据；ERP 系统中关于企业人、财、物、时间、空间等资源与企业供应链方面的数据；CRM 系统中客户的信息与交互数据等。需要说明的是，这样的信息化系统本身就是良好的数据分析平台，其报表生成、运营分析等各种分析功能也能够为企业带来诸多的分析价值。

(3) 来自企业物联网络

企业数据化的一个重要领域是物联网，那么企业内部能有哪些物联数据产生渠道？一方面，物联网的技术存在于企业产品的智能化互联。另一方面，物联网的大数据还可来自关于企业内部管理的物联网络。

2. 企业外部大数据的来源

（1）互联网的大数据

互联网的大数据是指通过互联网收集、存储、管理、分析和利用的海量数据集合。这些数据来源于各种在线活动，包括社交媒体、电子商务、物联网设备等。随着云计算、物联网、传感网、移动互联网的飞速发展，数据以裂变的方式增长，人类迎来了信息大爆炸、大传播的时代——大数据时代。大数据的价值体现在提供了一种人类认识复杂系统的新思维和新手段，通过数字化构造现实世界的数字虚拟映像，承载了现实世界的运行规律。在拥有充足的计算能力和高效的数据分析方法的前提下，对这个数字虚拟映像的深度分析，将有可能理解和发现现实复杂系统的运行行为、状态和规律。大数据为人类提供了全新的思维方式和探知客观规律、改造自然和社会的新手段，这也是大数据引发经济社会变革最根本的原因。同时，大数据时代也加剧了隐私保护的困境，如何在保护个人隐私的同时充分利用大数据的价值，是当前面临的重大挑战之一。

（2）物联网的大数据

物联网（IoT）的大数据是指通过物联网设备收集、存储、分析和利用的海量数据集合。这些数据通常来源于各种传感器、智能设备和系统，它们在智能家居、智慧城市、工业自动化、医疗保健等多个领域中发挥着作用。物联网大数据的应用可以用于实时监控、数据分析、流程优化和预测性维护等多个方面。

物联网大数据的关键技术包括数据采集、数据处理、数据存储、数据分析和数据可视化。数据采集是通过传感器和设备收集实时数据，数据处理则涉及清洗、去重、分类等操作。数据存储通常采用分布式存储系统，如 Hadoop、Spark 等，以应对海量数据的存储需求。数据分析则利用机器学习、深度学习等技术挖掘数据中的价值，而数据可视化则将分析结果以直观的方式呈现给用户。

（3）公共渠道的大数据

企业所面对的政府、协会、其他中介组织等，也会拥有大量的数据信息。例如现在许多城市所推动的智慧城市建设蓝图，其基本思路之一就是推动各种公共渠道大量数据的共享，从而为城市的各种智慧化应用提供数据支撑，其服务对象当然也包括广大的企业。在任何一家企业的基本情况与报表信息都可以在网上查到的情况下，如果能够对这样的数据资源进行归集整理，其中的价值不可小视。

第二节　大数据人力资源管理

一、大数据人力资源管理的发展——从信息化到大数据

伴随计算机技术的发展和应用，人力资源管理也经历了从信息化到大数据应用的过程转变。

企业人力资源管理信息化指的是企业将信息技术引入人力资源活动，将信息技术软件与员工管理活动有机结合在一起的一种新型管理模式。

这种管理模式的最大好处在于能够有效地节约企业人力资源管理的成本，它通过数据信息集中管理、资料共享、信息自动化处理等方式来提升人力资源管理的效率，同时，也能够提高企业员工的整体素质。

企业人力资源管理信息化的作用主要体现在三个方面。首先，提高人力资源管理的工作效率；其次，优化人力资源管理业务流程；最后，规避人事决策运作风险。具体来说，由于人力资源管理信息化解放了人力，一方面提高了有关管理部门的工作效率，另一方面也有效地避免了人力管理部门可能出现的信息分散、信息隔离的问题。此外，由于人力资源管理信息化向企业提供了丰富信息源，这就使得企业管理层在进行相关决策时能够以大量信息数据为依据，进而避免决策失误的发生。

人力资源管理信息化的发展历程是企业人力资源管理水平提升和信息技术发展的直观体现。美国学者安德鲁·麦卡菲（Andrew McAfee）在 2006 年提出了企业 2.0 的概念。他认为，企业 2.0 是指在企业内部、企业与其合作伙伴之间、企业与客户之间的成长性社交软件平台的应用，是企业信息化进入新的阶段，即由 ERP 为核心的信息化演变为 ERP+企业社交平台的信息化。具体表现在：①建立了统一的工作平台；②搭建起企业网络社交平台；③实现知识管理社会化；④建立起企业云档案。有了以上基础，企业内部的一切行为都可转变为数据，以便开展数据挖掘。纵观人力资源信息化系统的发展，可以分为 4 个阶段。

第一代，简单的薪资计算系统。20 世纪 60 年代，国外大型企业由于手工计

算工资费时费力，时而出现计算差错，为了解决这个问题，企业开始用计算机来辅助薪资核算。受限于存储技术，第一代系统仅用于薪资核算，不存储结果数据。

第二代，人事数据存储系统。20 世纪 70 年代末，关系型数据库技术的出现，为人事基础信息以及薪资结果的存储提供了可能。这个阶段的系统主要应用于基础数据的收集和存储，也有了初级的报表和统计分析功能。

第三代，传统人力资源管理系统。20 世纪 90 年代末，随着电脑的普及，数据库、服务器技术的发展，使得人力资源管理系统发生了革命性的变化，在人力资本理论的影响下，系统用集中的数据库将所有人力模块的数据（组织、职位、人事、招聘、培训、绩效、薪酬等）统一管理起来，形成企业人力资源管理的工作平台。

第四代，新型人力资源管理系统。随着云服务、数据库与移动应用等技术的发展，新型人力资源管理系统将传统系统作为底层数据库，甚至越来越多的企业将系统搭建在云端，超大型企业借助数据库技术实时获取人事统计信息，借助移动应用查询数据、将绩效考核社交评分化等，从根本上解决了员工自助查询、用户操作不人性化等问题，也由此，非结构化数据与结构化数据均纳入系统管理范畴，使得人力资源管理有了大数据分析与挖掘的基础。

二、人力资源大数据的特点

人力资源大数据具有相关性、流转性、分散性、非标准化等特点。

（一）相关性

1. 人力资源内部业务数据

基于员工在"工作、生活、学习、发展"四个领域产生的各种各样的信息（包括结构化数据、非结构化数据），彼此联系又相互影响。

2. 人力资源外部数据

一是基准数据，比如各地关于五险一金的政府规定，这些基数的调整就会影响到公司的人工成本；不同城市对社保缴纳年限对于买车买房的限制、积分落户、租房补贴的政策规定等可能影响人才的流动；二是行业对标数据，比如薪酬调研报告、劳动力市场趋势报告等；三是竞品公司各方面的对标数据。

3. 企业经营数据也会影响到人力资源的数据分析

公司效益好时，人力资源方向的投入也会增加，比如加大人才招聘力度、增加培训费用、提高员工薪酬福利待遇等；当效益不好时，可能采取关停并转、减员增效等措施。

（二）流转性

大部分人力数据贯穿在"入离升降调、选用育留管"的各个流程中，前后端到端流通并交互，确保业务正常运转。流转确保了数据的连续性与一致性，并且流程中产生的数据都有记录，积累下来可用于未来的进一步大数据分析。

人力资源数据提供接口到下游系统，以便支撑其他业务系统需要；同时其他业务系统的一些数据与人力资源数据可以实现有效交互。

（三）分散性

人力资源本身的数据分散在不同系统里，这可能是由于系统规划建设的局限性，有些系统不是互联互通的，如招聘数据、培训数据、测评数据、评估数据等。

人力资源之外的数据，如经营数据，涉及财务、销售、业务等部分，掌握在各个部门自己手里，由于利益交错盘结，数据尚未共享。

外部行业对标数据大多分散在不同的地方，需要花费较大人力物力去收集、整理、汇总。即使收集齐了，由于维度的不同，对其进行综合分析也存在一定的难度。

（四）非标准化

人力资源数据缺乏统一表征，从统计指标、统计口径到计算公式都缺少统一标准。这一特点和财务数据形成了鲜明对比，也使得人力资源大数据应用难度大大提高。

1. 统计指标没有标准

比如，分析人工成本投入和产出，既可以利用百元人工成本创利、百元人工成本创收，也可以用劳动分配率、人事费用率、人工成本占总成本费用比等指标，具体用哪些指标需要由企业自己选择，所以不同企业可能有不同的算法。

2. 统计口径没有标准

比如，最常见的劳动生产率，有些企业的统计口径是以与公司签订了劳动合同的员工来计算，有些企业则会将派遣员工合并计算，还有的企业可能会将外包业务的员工也统计进来。

从实践角度来说，目前人力资源数据存在一定问题，一是数据量不够多，很多企业信息化系统建设不够完善，数据收集与积累有限，绝大多数企业还处于传统意义的分析阶段。即使信息化比较完善的企业，由于缺少数据挖掘方面的专业人才，数据的积累仍停留在起步阶段。二是技术限制不易分析，绝大多数人力资源从业者不懂大数据技术，而大数据专家也不懂人力资源管理。这使得对已有数据无法充分挖掘和使用，大数据的价值无法体现。

三、公司大数据人力资源管理的构建

目前，国内不少大公司都开始充分挖掘大数据在人力资源管理领域中的应用价值。一个组织如果想抓住大数据机遇，至少需要做好两方面的准备。

第一，拥有收集和分析数据的工具。例如，某互联网公司的人力资源大数据共享平台已经迭代到 3.0 版本，从人才管理、运营管理、组织效能到文化活力、舆情分析等，做了相应的指标体系建设和建模，为管理层的人才决策提供参考与建议。逸橙科技公司利用机器学习算法、数据挖掘等技术打造出基于算法的招聘服务 SaaS 平台，提升简历与岗位的匹配效率，激活企业及猎头等招聘机构的闲置简历资源，提高存量简历利用率。

第二，拥有具备大数据管理和分析能力的人才。人力资源大数据人才需要同时了解大数据及人力资源管理两个专业领域的知识，具有跨专业学习和应用的能力。目前，这类人才可以分为三类。第一类为数据分析师。他们熟悉大数据的概念和原理，具有一定的数理和统计学知识，能够熟练操作和使用数据软件及工具，他们的工作需要将大数据和人力资源紧密结合在一起。目前，这类人员为企业中需求量最高的人员。第二类为数据工程师。他们能够开发和搭建数据平台和应用，并且熟悉数据挖掘的流程和原理，为大数据技术应用在各个领域提供解决方案。第三类为数据科学家。数据科学家需要熟悉各种大数据技术的原理和相对的优劣势，合理利用各种技术来设计大数据平台的架构，根据数据挖掘的使用需求和商业理解来设计和开发算法。

大数据人才具有人才保有量不足、供应量少、需求量大、培养周期长等特点，这使得大数据人才的竞争十分激烈。若从大学开始计算，培养一名合格的大数据人才至少需要5~10年的时间，然而目前很多大学都尚未开设大数据等相关课程。大数据人才培养速度明显低于大数据发展和应用的速度。由于大数据人才的极度稀缺，大数据相关职位变得炙手可热。

四、大数据人力资源的分析过程：IMPACT 模型

影响周期模型（IMPACT）。这个模型由六个闭环相连的阶段组成。

（一）识别问题（I）

分析现状，在纷繁复杂的现状中识别出关键性问题，并明确解决方案的时间表和工作安排。

（二）掌握数据（M）

收集、分析、综合能够帮助解答问题的所有可用信息，制作成简单明了的形式使数据易于理解。

（三）提供意义（P）

结合已经确定的商业问题，对数据做出清晰简明的阐释和直观展示。

（四）开展行动（A）

基于对数据的阐释，提出周全的建议，并尽可能为企业提供最大限度增加效益和减少成本的建议。

（五）交流见解（C）

使用多元的沟通策略让参与者尽可能地深入了解彼此的想法。可以采取大家都能够参与的互动形式，如午餐时间内的交流或是能够传阅的管理者备忘录。

（六）跟踪结果（T）

追踪人才分析见解所产生的影响，确保大家一起跟踪了采取措施后产生的结果，并将做了什么、影响是什么以及由此产生需要帮助解决的新的关键性问题记录下来。

五、人力资源大数据分析的三个层次

在实际应用中，大数据分析可以分为描述性分析、预测性分析、处方性分析三个层次。

（一）描述性分析

传统的人力资源管理包含了相对高效的工具，如员工流动率、岗位空缺时间、招聘成本、雇员人数和培训人数等。描述性人力资源分析描述了不同因素之间的关系和历史数据所包含的模式。这是一切分析的基础，其中包括仪表盘、计分卡、劳动力分布、基本模式的数据挖掘和周期报告。

（二）预测性分析

预测性分析运用统计、建模和数据挖掘等技巧，通过分析现有的和历史数据对未来进行预测。分析结果是关于概率和可能的影响，如预测性分析通过建模来提高雇用、培训和选拔正确员工的概率。

（三）处方性分析

通过分析复杂的数据来预测结果，提供决策选项并展示其他的商业影响（如组织优化、业务发展等）。

六、大数据人力资源管理的复杂性

大数据分析尽管有诸多的优势，但同时也带来了很多新的问题，这也说明了目前大数据的发展尚不成熟，其发展潜力尚待挖掘。

（一）大量产生，难以捕捉

虽然现阶段，数据的产生速度已经达到十分高的水平并且未来的速度还会变得更快，但大数据的抓取和存储技术还无法满足数据的产生速度。一部分数据进入了我们的分析系统，但更多的数据仍流失在外，没有被真正利用。在大数据人力资源管理中，数据多是借助 IT 平台或人力资源平台收集汇总的，然而将传统的数据化人力资源平台演进为大数据人力资源平台还面临着诸多挑战。一方面，技术需要不断深化提升以捕捉到更多的数据信息；另一方面，应规范数据的收集方式，提高数据收集质量并防范数据系统安全风险。

（二）分析错误的风险

大数据分析对数据的分析能力有很高的要求，但由于分析方式是主观判断与选择的，无法保证大数据分析及预测一定会产生准确的结果，因此，大数据分析需要承担数据分析错误的风险。

大数据在人力资源管理中的应用不同于其他领域，它需要直接对人进行干预。如根据大数据展现出的相关性改变招聘策略或采用新的培训方式等。因此，大数据人力资源管理会变得更加复杂。一旦将大数据的错误分析结果加以应用，将会对员工产生负面影响。

（三）大数据的所有权

关于大数据，还有一个无法回避的话题是谁拥有数据资源，即谁是数据的所有者。虽然目前有很多公司会使用员工数据来进行员工管理，然而能否利用员工数据信息来预测绩效、开设不同的培训内容甚至做出员工去留的决定仍是道德判断问题。

第三节 大数据在人力资源管理中的应用

随着大数据的发展，目前，大数据技术已经在企业的人力资源管理中得到了初步的应用。大部分企业仍处于数据搭建的基础环节，距离大数据的成熟应用还相差甚远。但大数据对人力资源管理的渗透趋势已然明显，随着技术的进一步发展，大数据将在人力资源管理中呈现更加多样的应用形式，发挥更加重要的作用。

一、大数据在人力资源规划中的应用

人力资源规划包括人员配置计划、人员需求计划、人员供给计划、人员培训计划、人力资源管理政策调整计划、费用预算计划、关键任务风险分析及对策等多种规划内容。企业的人力资源规划对满足企业总体发展战略、促进人力资源管理活动开展、协调人力资源管理的各项计划以及使组织和个人发展目标一致有重要的作用。在大数据时代，人力资源规划一方面应将大数据纳入规划，树立大数据意识，积极搭建数据化平台；另一方面，应积极运用大数据的思维方式和技术手段进行规划，以不断提高规划的质量和效果。

（一）培养大数据意识

数据化意识的培养应从人力资源部门深入到企业的每个部门。首先，要让人力资源部门意识到大数据背后隐藏的潜在价值，并据此做出正确的人力资源规划。其次，要培养其他部门员工的大数据意识，他们大数据意识的建立有助于人力资源规划的顺利展开以及减少规划实行的偏差。

（二）积极搭建数据化平台

人力资源规划是基于现有的人力资源水平制定的，这需要企业用科学系统的方式对内部人力资源水平进行调研。大数据平台的建立将有效降低调研的成本和难度，将日常数据的记录直接汇总、分析并呈现出来。此外，数据化平台也适用于高层人员管理。它能及时记录管理人员所制定的企业目标和长期规划，向员工传递及时有效的年度目标、当月计划甚至每日生产计划，并及时统计往日情况以进行审核。

二、大数据在招聘中的应用

目前，招聘是大数据在人力资源服务业中渗透率最高的部分，在人才搜索、数据处理、数据挖掘中都有不同程度的应用。借助大数据，求职信息与岗位信息将实现自动匹配、智能评估、双向推荐等功能。通过大数据算法，系统对求职者个人信息（如学校、学历、专业、技能、工作地点、工作经验、能力、意愿等）、用人单位岗位信息（如学校要求、专业要求、从业要求、地点要求、能力要求等）进行量化，然后对指标进行综合加权匹配，训练、调优，既可实现求职信息与岗位信息的智能评估与自动匹配，从而向用人单位自动筛选精确的求职者简历，提升招聘的效率与产出；也可以向求职者推荐合适的岗位信息，达到用人单位主动吸引人才的目的，实现双赢。

智能匹配算法还会通过自我学习功能，根据输入信息、搜索历史、地域热度、人才储备等的变化，自我修正指标，从而实现自动匹配，更加智能化。

三、大数据在绩效管理中的应用

绩效管理对于企业来说至关重要，是整个企业价值输出的导向，传统的每年一次或两次的"批量"的方式已经过时，现已进入移动互联网时代，OKR、人单合一、阿米巴等方式开始流行。许多公司开始转向敏捷绩效，放弃强制分布和末位淘汰，员工与主管可以随时随地通过移动 App 修改目标、反馈意见，也可以征求其他专家或项目经理的反馈意见，而且绩效的产出结果不与晋升、调薪直接挂钩。这种方式极大地加强了平时的沟通与反馈，随时调整与修正目标，随时辅导与激励，以便更大化价值的产出，也帮助员工及时调整个人发展路径，实现快速成长。

四、大数据在培训中的应用

随着知识平台的快速发展，碎片化学习成为人们日常生活中一种主要的学习方式。自主学习、直播、个性化推荐课程、链接晋升、云化等成为移动互联网时代学习的新特点。在用户与内容的交互中可以产生大量数据以支撑培训管理。以个性化推荐为例，通过对用户在培训学习过程中的课程资源、学习任务、学习圈子、用户类型、用户行为、学习风格等偏好建模与提取，并进行深度分析，挖掘用户潜在偏好，为个性化推荐服务打下基础。接下来，按照学习地图对课程进行分级、标签化，形成用户若干个行为偏好特征标签，进而为用户进行个性化推荐。

五、大数据在薪酬中的应用

在人力资源管理中，薪酬是最为直接的数字化的体现，大数据的理念也很早就被应用于薪酬管理领域，最为典型的就是市场对标以判断薪酬外部竞争力的强弱。大数据技术能够渗透人力资源薪酬管理，创新薪酬管理方法。如通过大数据多维数据仓库功能进行数据建模，提高大数据时代的人力资源薪酬制度的科学性。

大数据薪酬管理可以有四方面的应用。第一，基于日常数据进行人力资本测量。如计算日常考勤、加班情况、绩效能力等，从动态的视角给予人力资本科学的测量。第二，基于企业内部数据的企业环境估计。打破企业人力资源管理的信息孤岛状态，整合企业人力资源信息，将薪酬管理纳入更广泛的企业管理中。如计算企业的利润率与员工薪酬、涨薪幅度等关系，从数据出发，实现更加科学的管理。第三，基于外部环境大数据的企业环境判断。依据所在地区、所属行业的薪酬数据检视本企业的薪酬情况，依据市场变动情况及时调整本企业薪酬水平。第四，基于大数据绩效管理的薪酬定价。根据大数据所反映的更加精准的人力资本和绩效结果，薪酬定价的水平也将有显著提升。

六、大数据在员工关系管理中的应用

员工关系看似与数据联系不大，但是其中也蕴含着很多重要的数据，如试用期、基本工资、薪酬的支付方式、员工与企业纠纷的次数、员工的劳动合同解除率等。对于劳动关系，要用数据的思维去看待。在企业与员工劳动关系存续期间内的任何数据都应该记录，并进行分析。

例如，大数据可以帮助人力资源从业者更加准确地进行离职管理。HR 可以借助大数据分析，探究员工离职概率及影响员工离职的主要原因，提早得到预警信息，以便在员工主动离职前有针对性地采取行动，如调薪、调岗等挽留动作，或提早补充人员，避免给工作带来较大影响。

七、大数据可视化

数据可视化分为科学可视化（Scientific Visualization）、信息可视化（Information Visualization）和可视化分析（Visual Analytics）。数据可视化起源于计算机图形学并随着计算机科技的发展不断扩大其边界。

数据可视化对数据的展现要尽量满足直观、清晰、精确和高效的要求。对于数据变量的表达有多种不同的方式和细节，包括位置、形状、颜色、质地、大小等。对于图像的形式也有多种选择，包括柱状图、饼状图、散点图、线图和网络图等。

大数据可视化并不是大数据应用的目的，而是大数据分析的重要呈现方式。访谈中我们了解到的大量实践案例证明，大数据可视化是推动企业大数据发展的重要因素。企业高层领导者或许并不能理解大数据分析的原理和步骤，却对被大数据分析后所呈现出的各种图表分析结果感兴趣。设想，若你每天向公司领导者汇报当天的出勤率，领导者一定会感到厌烦。但若你将出勤率转变成"能源表"的形式，并当出勤率低于一定数值时自动触发"报警装置"引起领导者的注意，领导者就会有更好的获取信息的途径，并支持其背后的大数据管理的发展。

第五章 新时期人力资源管理建设与优化实践

第一节 人力资源管理的信息化建设

一、人力资源的信息化发展

(一) 信息化对人力资源的影响

现阶段由于信息时代的快速发展，进一步促进全球企业人力资源管理开始逐渐进入到全新的时代，任何行业都面临着信息化带来的冲击。信息化对人力资源的影响主要体现在以下几个方面：

第一，招聘和人才管理。信息化技术使得招聘过程更加高效和精确。通过在线招聘平台和人才管理系统，企业可以更广泛地发布职位信息、筛选简历、进行在线面试和评估，并快速找到合适的候选人。同时，信息化技术还可以帮助企业建立人才数据库，便于人才的积累和管理。

第二，培训和发展。信息化技术为培训和发展提供了更多的可能性。通过网络培训平台和在线学习资源，企业可以为员工提供各种培训课程和学习资源，包括在线培训课程、知识库、视频教程等，使得员工可以随时随地进行学习和提升。此外，信息化技术还可以用于员工绩效评估和职业发展规划，帮助企业更好地管理和发展员工。

第三，绩效管理。信息化技术可以帮助企业建立有效的绩效管理系统。通过绩效管理软件和在线平台，企业可以设定明确的绩效指标，跟踪员工的工作表现，进行绩效评估和奖惩，及时反馈和调整。信息化技术还可以提供数据分析和报告，帮助企业了解员工的绩效情况，优化绩效管理过程，提高工作效率和员工满意度。

第四，员工沟通和参与。信息化技术促进了企业内部员工之间的沟通和参与。企业可以利用电子邮件、企业社交网络、在线会议和协作工具等，打破地域和时间的限制，实现远程办公和协同工作。此外，企业还可以建立员工反馈和建议系统，通过在线调查和反馈平台收集员工的意见和建议，促进员工参与和共享决策。

总之，信息化对人力资源的影响是全面的，从招聘到培训发展、绩效管理到员工参与，都可以借助信息化技术提高效率、精确度和员工满意度，为企业提供更好的人力资源管理支持。

(二) 人力资源信息化发展的重要性

人力资源信息化发展具有重要的意义，具体包括以下几个方面。

第一，优化决策支持。人力资源信息化可以提供实时的、准确的数据和报告，帮助管理层作出更明智的决策。通过收集和分析员工数据，可以了解人力资源的状况、员工绩效和离职率等关键指标，从而为组织的战略规划和人力资源管理提供有效的支持。

第二，加强人力资源管理。信息化系统可以帮助人力资源部门更好地管理员工信息、薪酬福利、绩效评估和培训发展等方面的内容。它可以提供全面的员工档案，跟踪员工的职业发展路径，促进员工的成长和提升，增强员工的工作满意度和忠诚度。

第三，促进组织变革和创新。人力资源信息化可以为组织的变革和创新提供支持。它可以帮助组织更好地管理人才，识别和培养关键人才，促进组织内部的知识共享和协作，从而推动组织的发展和创新能力的提升。

第四，提升员工体验。信息化系统可以提供员工自助服务，使员工能够方便地查看和更新个人信息、申请假期、查阅薪酬福利等。这提高了员工的参与感和满意度，减少了烦琐的人力资源事务处理时间，使员工能够更专注于工作。

总之，人力资源信息化发展可以促进组织的数字化转型，提高工作效率、优化决策支持、加强人力资源管理、促进组织变革和创新，同时提升员工体验和满意度。这对于组织的长期发展和提升竞争力具有重要的意义。

二、人力资源管理的信息技术应用

（一）信息技术在人力资源管理中应用的积极作用

随着现代科学技术的发展，网络信息技术的进步，人类社会迈入大数据时代，大众日常生活、学习以及工作发生了极大的变化。信息技术保证了人力资源的管理质量，同时也使得管理理念、管理模式更趋于现代化，这是由于信息技术的应用可以有效地突破人工管理模式的滞后性与局限性，加速了企业管理现代化的进程。信息技术在人力资源管理中应用的积极作用如下：

1. 有利于降低管理成本

当前信息技术在各个领域发挥着越来越重要的作用，它不仅提升了管理质量，与之相应的，企业的管理成本也随之得到了有效控制。信息技术以其独特的数据分析、总结优势，能够为人力资源管理提供更多有参考性的信息，避免在人力资源管理中出现疏漏与失误。而人力资源效率与质量的提升，也意味着能够以最少的人力投入获得更大的产出，这是企业良好经济效益实现的前提。除此之外，信息技术在人力资源管理中的应用，有效地提升了人力资源管理的透明度，能够利用信息技术优势将一些相关的招聘、晋升、管理政策及时公布，便于接受监督，有效地避免了"暗箱操作"，为企业更好地生存与发展争取更加广阔的空间。

总之，人力资源管理质量关系到企业可持续发展目标的实现，在信息化时代背景下，应用信息技术加强人力资源管理过程的优化，切实提升人力资源管理质量和效率已是大势所趋。除了应用先进的信息手段之外，还要积极转变人力资源的管理思路、优化人力资源管理制度，对困扰和阻碍人力资源管理的因素进行改革和完善，不断创新人力资源管理路径，将人力资源管理的效用充分、高效地发挥出来，做好人力资源的储备、输出与利用，促进人力资源管理再上新台阶。

2. 有利于提升管理效率

人力资源管理虽然具有一定的复杂性，但同时也具有一定的重复性特征。人员的流动过程周而复始，每个阶段、不同时期都会产生大量的人力流动需求，尤其是在人力资源管理中，必然反复面临人才储备、人才教育培训、分配、管理等程序，所以说人力资源管理的程序烦琐，而且工作量极大。同时，人力资源管理部门还与相关的人力使用部门、财务管理部门、后勤部门等来往密切，时常需要就某个数据或是问题进行反复的沟通、确认，过程十分烦琐，这就导致人力资源管理的日常工作量大，且容易由于人为的因素出现疏漏。在信息技术问世之前，人力资源管理的沟通环节，都是面对面的反复沟通、确认，以及就各项信息进行审批，人力资源部门的工作越做越多，效率得不到提升。而信息技术在人力资源管理中的应用，一方面使得沟通渠道变得十分便捷、畅通，利用平台或是软件可以实现实时沟通、确认，而且对于相关凭证的保存、利用更加高效，大大地节省了往来沟通、确认的时间；另一方面，在一些报表或是数据的汇总以及分析上，信息技术更是具有无可比拟的优势，通过人力资源管理系统的相关模块可以对各种报表以及数据进行批量化的管理和分析，显著地提升了人力资源管理的效率。

3. 有利于提升管理质量

人力资源的管理是企业经营管理中的重要一环，也是一项系统性的工程，牵涉到人员的招聘、培训、入职、升职、离职、考核等多个环节，而每一个环节的变动必然延伸出大量的人力管理信息更新需求。在传统模式下，这些信息都是依靠人工更新。

信息技术在人力资源上的应用，可以利用信息技术进行人力档案管理，为人力档案资源的收集、整理、管理、利用开辟新路径。利用信息技术，比如大数据技术建立起数字化的人力档案管理系统，能够很好地突破传统人工管理模式的封闭性与滞后性，不仅能够显著增强管理效果，而且可以在短时间内迅速提取各部门所需的人力资源信息，提高人力资源档案的利用率以及人力资源档案管理的成效，使得人力资源的档案管理更加优质与高效。通过人力资源信息化管理系统的应用，就能够将企业内人员流动、管理、升迁等各个过程、各个环节的变化进行精准的跟踪与定位，不仅能避免传统人工管理模式下容易出现的错漏问题，以及暗箱操作等，同时还能够显著地提升人力资源管理的质量。

(二) 人力资源管理中常见信息技术类型及其应用

1. 计算机技术

计算机技术是人力资源管理中常见的一种技术，包括计算机硬件和软件的应用，用于处理和管理与人力资源相关的数据和信息。

(1) 计算机技术的特点与构成

计算机技术是现代人力资源管理中不可或缺的一部分。它涵盖了系统技术、器件技术、部件技术和组装技术等多个方面。这些技术的不断发展和创新为人力资源管理提供了更加高效和智能的解决方案。

①计算机技术的特点。计算机技术具有广泛性、高效性、可编程性和自动化性的特点。计算机技术的快速发展和普及使其成为现代社会不可或缺的一部分。以下是对计算机技术特点的扩写，以更加详细地阐述其重要性和应用。

第一，计算机技术的广泛性体现在其应用范围的广泛性上。无论是在科学研究、工业生产、商业管理还是个人娱乐等领域，计算机技术都扮演着至关重要的角色。计算机技术不仅可以用于大规模数据的处理和存储，还可以实现图像处理、语音识别、人工智能等高级功能。无论是大型企业还是普通家庭，计算机技术都能为其提供强大的支持和便利。

第二，计算机技术的高效性是其重要特点之一。计算机能够以极快的速度进行数据的处理和运算，大大提高了工作效率和生产力。通过计算机技术，人们可以在短时间内完成复杂的任务和运算，减少了人力和时间的浪费。计算机技术的高效性为科学研究、工程设计、商业决策等提供了有力的工具和手段。

第三，计算机技术的可编程性使其具备了灵活性和适应性。计算机可以根据用户的需要进行程序的设计和编写，实现不同功能的应用。无论是编写一个简单的计算器程序还是复杂的操作系统，计算机技术都能够满足不同用户的需求。计算机的可编程性使其成为一个强大的工具，可以应对不断变化和不同领域的需求。

第四，计算机技术的自动化性是其独特的特点之一。通过计算机技术，许多烦琐的、重复性的任务可以被自动化完成，在很大程度上减轻了人们的负担。例如，在工业生产中，计算机控制系统可以自动完成各种生产过程，提高了生产效率和产品质量。在家庭生活中，智能家居系统可以自动调节温度、照明等，提供更加便捷的生活方式。计算机技术的自动化性为人们创造了更多的自由时间和更高的生活质量。

总之，计算机技术的广泛性、高效性、可编程性和自动化性使其成为现代社会中不可或缺的一部分。计算机技术的应用范围非常广泛，涵盖了多个重要领域，能够提高工作效率、解决复杂问题，并为人们的生活带来了很多的便利。随着科技的不断发展，计算机技术将在推动社会进步和人类发展中发挥更重要的作用。

②计算机技术的构成。

第一，系统技术。系统技术是计算机技术的核心。计算机系统包括硬件和软件两个方面。硬件部分主要由中央处理器、内存、硬盘等部分组成，而软件部分则包括操作系统和各种应用软件。系统技术的发展使得计算机能够更加稳定和高效地运行，提供更多的功能和服务。

第二，器件技术。器件技术是构成计算机的基本元件。例如，集成电路、处理器、存储器、显示器等都是计算机器件技术的代表。随着科技的进步，器件技术不断创新和提升，使得计算机的性能和功能得以提高。

第三，部件技术。部件技术是指计算机系统中的各个组成部分，如主板、显卡、声卡、网卡等。这些部件通过相互连接和配合，构成一个完整的计算机系统。部件技术的进步使得计算机的性能得以提升，并且为不同用户的需求提供了更多的选择。

第四，组装技术。组装技术是将不同的计算机部件组合在一起，构建出完整的计算机系统的过程。组装技术需要对计算机硬件有深入的了解，包括连接方式、安装过程等。合理的组装技术可以保证计算机系统的稳定性和高性能。

计算机技术的不断进步和创新，使得人力资源管理在信息化时代得以快速发展。计算机技术的构成包括系统技术、器件技术、部件技术和组装技术，它们相互支持和促进，为人力资源管理提供了强大的工具和平台。通过计算机技术的应用，企业可以更加高效地招聘人才、管理员工、进行培训和绩效评估等工作。计算机技术的发展将继续推动人力资源管理向着智能化、数字化的方向发展，为企业创造更大的竞争优势。

（2）计算机技术对人力资源管理的影响及其应用

随着计算机技术的迅猛发展，人力资源管理领域也面临着前所未有的变革。计算机技术的应用为人力资源管理带来了许多创新和改进，极大地提高了管理效率和决策质量。以下将详细探讨计算机技术对人力资源管理的影响及其应用。

①计算机技术的应用使得人力资源管理过程更加高效和便捷。通过使用计算机软件和数据库，人力资源部门可以更轻松地管理员工信息、薪资福利、绩效评估和培训记录等重要数据。这使得人力资源专业人员能够更快速地获取和分析数据，从而提高管理效率和减少人力资源管理的工作量。

②计算机技术的应用使得人力资源管理更加科学化和精细化。通过数据分析和人工智能技术，人力资源部门可以更好地理解和预测员工的行为和需求。例如，利用数据分析和机器学习算法，可以对员工的绩效进行评估和预测，为公司提供关键的人力资源决策支持。同时，计算机技术还可以帮助人力资源部门优化招聘和选拔过程，通过智能化的筛选和推荐系统，更精准地匹配人才需求和职位要求。

③计算机技术的应用还促进了人力资源管理的全球化和数字化发展。随着互联网和在线协作工具的普及，人力资源部门可以跨越地域和时区的界限，更好地管理全球化的人才和团队。远程办公、在线培训和数字化沟通工具使得人力资源管理变得更加灵活和便捷，同时也促进了员工的协作和沟通。

总之，计算机技术对人力资源管理的影响是积极而深远的。它提供了更高效和精确的管理工具，促进了科学化和数字化的发展，同时也带来了一些挑战和风险。人力资源部门应积极应用计算机技术，充分发挥其在提高管理效率、优化人力资源决策和促进全球化合作方面的优势，从而更好地适应快速变化的商业环境。

2. 互联网技术

互联网技术是指在计算机技术的基础上开发建立的一种信息技术。互联网技术的普遍应用，是进入信息社会的标志。

（1）互联网技术的特点与构成

①互联网技术的特点。

第一，全球性。互联网是一个全球性的网络，连接了世界各地的计算机和设备。它没有地理界线，可以在世界各地进行信息交流和资源共享。

第二，去中心化。互联网的设计理念是去中心化，没有单一的中央控制点。它由许多互联网服务提供商、网络运营商和用户组成，彼此连接并共同构成了互联网。

第三，开放性。互联网采用开放的标准和协议，使得不同的系统和设备可以互相通信和交互。这种开放性促进了创新和合作，使得任何人都能够开发和提供互联网应用和服务。

第四，可扩展性。互联网具有良好的可扩展性，可以支持大规模的用户和设备连接。随着互联网的发展，它能够适应不断增长的用户数量和日益复杂的应用需求。

第五，信息共享。互联网使得信息的传播和共享变得更加容易和快速。人们可以通过互联网获取和分享各种形式的信息，包括文本、图像、音频和视频等。

第六，实时性。互联网技术可以实现实时的通信和交互。人们可以通过互联网即时发送消息、进行语音和视频通话，实现实时的远程协作和交流。

第七，多媒体支持。互联网支持多种多媒体内容的传输和展示。人们可以通过互联网观看在线视频、收听音乐、浏览图片等，丰富了娱乐和学习的方式。

第八，安全性挑战。互联网的开放性和全球性也带来了安全性挑战。随着信息技术的飞速发展，网络安全问题日益凸显，成为全球关注的焦点，需要采取措施保护用户的隐私和数据安全，防止网络攻击和信息泄露。这些特点使得互联网成为一个强大的信息交流工具和文化交流平台，推动了信息社会的发展，改变了人们的生活和工作方式。

②互联网技术的构成。互联网技术是指一系列的技术和协议，使得全球范围内的计算机网络能够互相连接和交流。互联网的构成主要包括以下几个方面。

第一，互联网的核心技术是 TCP/IP 协议。TCP/IP 协议是互联网通信的基础，它将数据分割成小的数据包，并通过网络传输到目标地址。TCP（传输控制协议）负责保证数据的可靠传输，而 IP（Internet 协议）则负责将数据包送达目标地址。

第二，互联网还包括域名系统。域名系统是互联网中用于解析域名和 IP 地址之间对应关系的系统。通过 DNS，用户可以以域名访问网站，且不需要记住复杂的 IP 地址。

第三，互联网还包括万维网。万维网是一种通过超文本链接将信息连接起来的系统。它由网页组成，每个网页可以包含文本、图片、视频等多种媒体形式。用户可以通过浏览器访问网页，并通过超链接在不同网页之间进行跳转。

第四，互联网技术中的安全机制也非常重要。为了保护用户的隐私和数据安全，互联网引入了各种加密和认证技术，如 SSL（安全套接层）和数字证书。这些技术可以确保在互联网上进行的通信和交易是安全可靠的。

第五，互联网还依赖于各种硬件设备和基础设施。这包括计算机、路由器、交换机、光纤等网络设备，以及互联网服务提供商和数据中心等基础设施。

总之，互联网技术的构成涵盖了网络协议、域名系统、万维网、安全机制以及相关的硬件设备和基础设施。这些技术的相互配合和发展推动了互联网的快速发展和广泛应用。

（2）互联网技术对人力资源管理的影响及其应用

随着互联网技术的快速发展和广泛应用，人力资源管理领域也面临着巨大的变革和挑战。互联网技术对人力资源管理带来了许多积极的影响，改变了传统的管理方式和流程，并提供了更高效、更灵活的解决方案。

①加强了人力资源信息的管理和共享。互联网技术通过电子化和自动化的方式，可以更加高效地收集、存储和共享这些信息。企业可以通过人力资源管理系统将各项数据进行集中管理，实现信息的实时更新和快速查询，提高了工作效率和决策的准确性。

②改变了招聘和人才管理的方式。互联网技术使得招聘过程变得更加高效和便捷。企业可以通过在线招聘平台发布职位信息，吸引更多的求职者。同时，借助人才管理软件，企业可以更好地跟踪和管理候选人的信息，提高招聘的效率和准确性。此外，互联网技术也促进了全球范围内的人才招聘和跨国企业的组织管理。

③为员工培训和发展提供了更多的机会和资源。通过在线学习平台和远程培训课程，员工可以随时随地获取知识和技能的培训。互联网技术还提供了社交学习的机会，员工可以通过在线社区和合作工具与同事交流和分享经验，促进团队合作和学习氛围的形成。这种便捷的培训方式不仅提高了员工的专业能力，也提

升了企业的竞争力。

④改变了企业内部沟通和协作的方式。互联网技术引入了诸如电子邮件、即时通信和协作平台等工具，使得企业内部沟通更加高效便捷。员工可以通过视频会议和远程协作工具等实现跨地域的合作，促进团队协作和信息共享，提高工作效率和创新能力。

总之，互联网技术对人力资源管理产生了深远的影响。它改变了信息管理、招聘和人才管理、培训发展以及内部沟通协作的方式。尽管目前仍存在一些挑战，但互联网技术为人力资源管理提供了更多的机会和解决方案，为企业的发展和竞争力提供了重要支持。随着互联网技术的不断进步，人力资源管理将继续受到其积极影响，并迎来更多的创新和发展。

3. 物联网技术

物联网技术起源于传媒领域，是信息科技产业的第三次革命。物联网是指通过信息传感设备，按约定的协议，将任何物体与网络相连接，物体通过信息传播媒介进行信息交换和通信，以实现智能化识别、定位、跟踪、监管等功能。

（1）物联网技术的特点

第一，互联性。物联网技术通过网络连接不同的物理设备，使它们之间实现互通和相互交流。无论是传感器、智能设备还是传统设备，都可以通过物联网技术进行连接和数据交换，实现全面的互联性。

第二，智能化。物联网技术通过感知和收集物理设备的数据，利用数据分析和人工智能等技术对数据进行处理和解读，从而实现对设备的智能化管理和控制。通过智能算法和决策系统，物联网技术可以自动化地监测、分析和响应设备的状态和环境变化，提供智能化的决策支持。

第三，实时性。物联网技术能够实时地获取和传输设备的数据。传感器和物联网设备可以持续地感知和收集环境和设备的数据，并通过互联网实时传输到管理平台或其他应用系统中进行处理和分析。这种实时性使得物联网技术能够快速响应和处理设备的状态变化和事件。

第四，大规模连接。物联网技术可以实现大规模设备的连接和管理。传统的物理设备通常需要人工干预和管理，而物联网技术可以通过网络连接和远程管理大量的设备，实现集中化的监控和控制。这种大规模连接和管理能力为企业和组织提供了更高效和可扩展的解决方案。

第五，安全性。物联网技术对设备和数据的安全性提出了更高的要求。由于物联网技术涉及大量的设备和数据传输，安全性成为一个重要的考虑因素。物联网技术需要采取相应的安全措施，包括身份验证、数据加密、访问控制等，以确保设备和数据的安全性和隐私保护。

总之，物联网技术以互联性、智能化、实时性、大规模连接和安全性为特点，通过将物理设备连接起来并实现数据的互通和智能化管理，为各行各业带来了更高效、智能和可持续的解决方案。随着技术的不断发展，物联网技术将在各个领域中发挥越来越重要的作用。

（2）物联网技术对人力资源管理的影响及其应用

①物联网技术为人力资源管理提供了更加高效和智能化的工具。通过物联网技术，人力资源部门可以实时获取员工的工作数据和绩效指标，从而更好地评估员工的工作表现，并作出更准确的决策。例如，可以使用传感器监测员工的工作环境，包括温度、湿度和光照等，以提高员工的工作效率和舒适度。此外，物联网技术还可以通过智能设备和传感器来跟踪员工的位置和活动，以便更好地管理工作流程和资源分配。

②物联网技术为人力资源管理带来了更加灵活和便捷的工作方式。随着物联网设备的普及，员工可以通过移动设备远程连接到工作场所的系统和网络，实现灵活的远程办公。这种灵活性使得员工能够更好地平衡工作和生活，提高工作满意度和员工保留率。同时，物联网技术还可以为人力资源管理提供在线培训和学习的机会，通过虚拟培训平台和远程教育系统，员工可以随时随地进行学习和提升自己的技能。

总之，物联网技术对人力资源管理产生了广泛的影响。它为人力资源管理带来了高效、智能、灵活和便捷的工具和方式，提升了员工的工作效率和满意度。然而，在物联网环境下，人力资源管理部门也需要面对数据安全和隐私问题以及技术能力的挑战。随着物联网技术的不断发展，人力资源管理将进一步借助这项技术实现创新和转型，以适应未来的发展需求。

4. 5G 通信技术

第五代移动通信技术（5th Generation Mobile Communication Technology，简称

5G）是一种具有高速率、低时延和大连接特点的新一代宽带移动通信技术，是实现人机物互联的网络基础设施。

（1）5G 通信技术的特点与构成

①5G 通信技术的特点。

第一，高速率。5G 通信技术能够提供更高的数据传输速率。这意味着用户可以更快地下载和上传大型文件，享受更流畅的高清视频和虚拟现实体验。

第二，低延迟。5G 技术具备极低的传输延迟，通常在毫秒级别。这种低延迟的特点对许多应用场景至关重要，如自动驾驶、远程手术、智能工厂等。低延迟使得实时交互更加可行，提供了更高效、更可靠的通信体验。

第三，大连接密度。5G 网络能够支持大规模的设备连接。与之前的技术相比，5G 网络可以同时连接更多的设备，每平方千米可支持数十万个设备的连接，这对于物联网应用和大规模传感器网络具有重要意义。

第四，大带宽。5G 网络提供更大的频谱带宽，可以支持更多的用户和设备同时进行高速数据传输。这意味着更多的用户可以在同一时间和空间内享受高速网络连接，解决了 4G 网络中用户密集区域出现的网络拥塞问题。

第五，网络切片。5G 技术引入了网络切片的概念，将网络资源划分为多个独立的逻辑网络，以满足不同应用场景的需求。通过网络切片，5G 网络可以为不同的垂直行业提供定制化的网络服务，提高了网络的灵活性和适应性。

第六，超大规模部署。5G 通信技术将以更大的规模进行部署，覆盖范围更广，包括城市、乡村、交通工具等多个领域。这将带来更广泛的无线网络覆盖，为用户提供无缝的连接体验。

总之，5G 通信技术的特点包括高速率、低延迟、大连接密度、大带宽、网络切片和超大规模部署。这些特点将为人们的日常生活、工作和各行各业带来更快速、更可靠的无线通信服务，并推动了物联网、智能城市、自动驾驶等领域的发展。

②5G 通信技术的构成。

第一，物理设备。5G 通信技术的核心是物理设备，包括传感器、执行器、嵌入式系统等。这些设备能够感知和采集环境中的数据，并根据需要执行相应的操作。

第二，通信网络。5G通信技术需要建立一个可靠的通信网络来连接各种物理设备。这些网络可以是有线网络（如以太网、局域网）或无线网络（如Wi-Fi、蓝牙、Zigbee等），还可以利用移动通信网络（如4G、5G）实现远程通信。

第三，数据存储和处理。5G通信技术生成的数据量庞大，需要进行有效的存储和处理。云计算技术提供了强大的存储和计算能力，可以存储和处理5G通信技术产生的海量数据，并提供相应的分析和应用服务。

第四，应用和服务。5G通信技术的最终目的是为人们提供各种智能化的应用和服务。这些应用可以涵盖各个领域，如智能家居、智能交通、智慧医疗等，通过5G通信技术可以实现设备之间的互联互通，提供更加便捷和智能化的生活和工作方式。

（2）5G通信技术对人力资源管理的影响及其应用

5G通信技术作为一项颠覆性的技术革新，给各个行业都带来了深远的影响。5G通信技术的特点为人力资源管理带来了许多新的机遇和挑战，使其人力资源管理也随之发生了重要变革。

①5G通信技术提供了更高速率和更低延迟的通信能力。这使得人力资源管理部门能够更快速、及时地处理和共享大量的数据信息。例如，人力资源管理系统可以通过高速率的数据传输实时更新员工档案、薪酬福利等信息，提供更准确和及时的决策支持。同时，低延迟的特性也使得在线视频面试和远程培训成为可能，加快了招聘和培训流程，节省了时间和成本。

②5G通信技术的大连接密度能够支持更多设备的同时连接。在人力资源管理中，大量的传感器和智能设备可以实时收集员工的工作数据和行为信息。通过5G网络，这些设备可以高效地连接和传输数据，为人力资源管理提供更全面的数据支持。例如，人力资源管理可以利用传感器监测员工的工作环境和健康状况，为员工提供更好的工作条件和福利保障，提高员工的满意度和工作效率。

③5G通信技术的大带宽和网络切片能力使得人力资源管理可以定制网络服务。根据不同的需求，人力资源管理部门可以利用网络切片将网络资源分配给不同的应用场景和业务需求。例如，可以为在线培训和远程办公提供高带宽的网络切片，保证流畅的视频会议和文件传输。同时，对于安全性要求较高的人事数据传输和保密信息存储，可以划分专用的网络切片，确保数据的安全性和隐私

保护。

总之，5G 通信技术对人力资源管理产生了深远的影响。它提供了更快速、及时的数据传输和处理能力，使得人力资源管理部门能够更高效地进行招聘、培训和绩效评估等工作。然而，人力资源管理也需要面对 5G 通信技术带来的网络安全和隐私保护等挑战，同时需要积极应对基础设施建设和技术投资的需求。通过充分利用 5G 通信技术的优势和应对相关挑战，人力资源管理可以迎接新的机遇，并实现更高效、更智能的管理方式。

5. 人工智能技术

人工智能技术是指一类模拟、模仿和扩展人类智能的技术和方法。它旨在使计算机系统能够执行类似于人类智能的任务，如理解、学习、推理、决策、感知、语言交流等。人工智能技术结合了多个学科领域，如计算机科学、机器学习、统计学、认知科学等，以开发智能系统和解决复杂问题。

（1）人工智能技术的特点与构成

①人工智能技术的特点。人工智能技术是一种模拟和扩展人类智能的技术和方法。它具有以下几个显著特点，使其在各个领域都具备广泛的应用潜力。

第一，具有自主性和自适应性。通过机器学习和深度学习等方法，人工智能系统能够从大量的数据中学习和改进，逐渐提高自身的性能和准确性。它能够根据不断变化的环境和任务需求，自主地调整和优化自己的行为和决策，具备一定的自适应能力。

第二，能够处理和分析大规模、复杂的数据。随着互联网、物联网等技术的普及，大量的数据被生成和积累。人工智能技术利用高效的算法和计算能力，能够处理和分析这些数据，从中提取有价值的信息和知识。它能够发现数据中的模式、趋势和关联性，帮助人们作出更准确的决策和预测。

第三，具备学习和智能化的能力。它能够识别和理解复杂的模式和特征，具备类似人类的认知和推理能力。这使得人工智能系统能够处理更加复杂和抽象的任务，如图像识别、自然语言处理和自主决策等。

第四，具备高效性和可扩展性。通过优化算法和并行计算等技术，人工智能系统能够在较短的时间内完成复杂的计算和任务。同时，人工智能技术还可以进行水平扩展，利用分布式计算和云计算等技术，处理大规模的数据和并发请求，提供高性能的计算和服务。

第五，面临一些挑战和限制。例如，人工智能系统的透明性和可解释性较差，导致其决策过程难以理解和解释。此外，人工智能技术还涉及伦理、隐私和安全等问题，需要综合考虑和解决。

总之，人工智能技术的特点包括自主性和自适应性、处理和分析大规模复杂数据的能力、学习和智能化的能力，以及高效性和可扩展性。这些特点使得人工智能技术在各个领域都具备广泛的应用前景。随着技术的不断发展和进步，人工智能技术将在未来发挥越来越重要的作用。

②人工智能技术的构成。

第一，机器学习。机器学习是人工智能的核心技术之一。通过训练模型，使计算机能够从数据中学习和识别模式，并作出预测和决策。常用的机器学习算法包括决策树、支持向量机、神经网络等。

第二，自然语言处理。自然语言处理使计算机能够理解和处理自然语言文本。它包括语音识别、语义理解、机器翻译等技术，使计算机能够与人类进行自然的交流和理解。

第三，计算机视觉。计算机视觉使计算机能够理解和处理图像和视频数据。它包括图像识别、目标检测、图像生成等技术，使计算机能够看懂图像，并从中提取有用的信息。

第四，智能决策和推理。人工智能技术使计算机能够进行智能决策和推理。它包括专家系统、规则推理、强化学习等技术，使计算机能够模拟人类的思维过程，并作出合理的决策。

第五，自主机器人。自主机器人是人工智能技术的一个重要应用领域。它包括感知、控制、路径规划等技术，使机器人能够自主地感知环境、执行任务和与人类进行交互。

（2）人工智能技术对人力资源管理的影响及其应用

人工智能技术是近年来发展迅速的一项重要技术，对各个行业和领域都产生了深远的影响。人力资源管理是组织中负责管理和开发人力资源的重要职能，它涵盖了招聘、培训、绩效评估、员工关系和人才发展等多个方面。而人工智能技术的引入为人力资源管理带来了新的机遇和挑战。

①人工智能技术对招聘流程的影响不可忽视。人工智能可以通过分析候选人的语音和面部表情等信息，辅助评估候选人的能力和适应性。

②人工智能技术在培训和发展方面发挥着重要作用。人工智能技术可以提供在线学习和个性化的培训体验。基于人工智能的智能学习系统能够根据员工的学习需求和进度，提供个性化的学习内容和反馈。此外，人工智能还可以通过数据分析和预测，帮助人力资源部门确定培训需求和制订有效的培训计划。

③人工智能技术对绩效评估和员工管理也带来了新的思路。人工智能技术可以通过数据分析和模型建立，客观地评估员工的绩效，并提供基于数据的反馈和改进建议。此外，人工智能技术还可以通过智能助理系统，帮助员工管理工作任务、提醒工作进度和支持决策等，提升员工的工作效率和满意度。

总之，人工智能技术对人力资源管理产生了深远的影响。它改变了招聘流程、提升了培训和发展的效果、改进了绩效评估和员工管理等方面。然而，在应用人工智能技术时，需要平衡技术的利益与员工的关切，确保技术的合理应用，并关注数据隐私和员工关怀等问题，以实现人工智能技术对人力资源管理的最佳效果。

6. 虚拟技术

虚拟技术是一种通过计算机和相关技术模拟和创建虚拟环境或虚拟对象的技术。它利用计算机图形学、传感器、人机交互等技术，将用户从真实的物理环境中带入虚拟的数字世界，使用户能够与虚拟环境或虚拟对象进行交互和体验。

（1）虚拟技术的类型

①虚拟现实（Virtual Reality，VR）。虚拟现实技术通过戴上头戴式显示器等设备，使用户身临其境地感受虚拟环境。用户可以通过头部追踪和手柄等交互设备来与虚拟环境进行互动，例如探索虚拟空间、参与虚拟游戏或进行虚拟培训等。

②增强现实（Augmented Reality，AR）。增强现实技术通过手机、平板电脑或智能眼镜等设备，将虚拟的数字内容叠加在真实世界中，使用户能够在真实环境中看到虚拟对象。用户可以通过设备的摄像头捕捉真实场景，并在显示屏上显示虚拟对象，实现真实与虚拟的融合。

③混合现实（Mixed Reality，MR）。混合现实技术是增强现实和虚拟现实的

结合，旨在实现真实世界与虚拟内容的无缝融合。它通过智能眼镜等设备，将虚拟对象与真实场景进行交互，使用户能够在真实环境中与虚拟对象进行实时互动和操作。

（2）虚拟技术的特点

①沉浸式体验。虚拟技术能够为用户提供一种身临其境的感觉，让用户感觉自己完全融入虚拟环境中，与虚拟对象进行交互。这种沉浸式的体验能够带来更加逼真和令人兴奋的感觉。

②交互性。虚拟技术使用户能够与虚拟环境或虚拟对象进行实时的互动和操作。用户可以使用手柄、触摸屏、语音命令等交互设备来与虚拟世界进行沟通和控制，增强了用户与虚拟内容之间的互动性。

③可视化和模拟性。虚拟技术能够将抽象的概念和信息以可视化的方式呈现出来，使用户更容易理解和掌握。同时，虚拟技术还可以模拟真实环境中的各种场景和情境，使用户能够在虚拟环境中进行实践和训练，提高学习和技能的效果。

④多领域应用。虚拟技术在各个领域都有广泛的应用。在游戏和娱乐领域，虚拟技术能够提供更加沉浸式和真实的游戏体验；在教育和培训领域，虚拟技术能够创造出模拟的学习环境，提供更加生动和有效的教学方式；在医疗领域，虚拟技术能够用于手术模拟、病例演示和康复训练；等等。

总之，虚拟技术通过模拟和创造虚拟环境或虚拟对象，为用户带来沉浸式的体验和交互性。它在各个领域都具有广泛的应用前景，并为人们提供了全新的学习、娱乐和交流方式。随着技术的不断进步，虚拟技术将继续发展并与其他技术领域相互融合，为人们创造更加丰富和多样化的虚拟体验。

（3）虚拟技术对人力资源管理的影响

虚拟技术的引入为人力资源管理带来了新的机遇和挑战。

①虚拟技术对招聘流程的影响不可忽视。传统的招聘方式通常需要面对面的沟通和面试，耗费了大量的时间和资源。而虚拟技术可以提供在线招聘的解决方案，通过虚拟面试和在线评估，实现远程招聘的效果。这种方式不仅节省了时间和成本，还可以拓宽招聘范围，吸引更多的候选人参与。

②虚拟技术在培训和发展方面也发挥着重要作用。传统的培训方式通常需要

员工集中到特定的地点参加培训课程，而虚拟技术可以提供在线学习和虚拟培训的解决方案。通过虚拟培训平台，员工可以根据自身需求和时间安排自主学习，与虚拟教师或虚拟团队进行互动和合作。这种灵活的培训方式不仅提高了培训效率，还降低了培训成本。

③虚拟技术对绩效评估和员工管理也产生了影响。传统的绩效评估通常基于主管的主观判断和员工的自我评价，存在一定的主观性和误差。而虚拟技术可以通过数据分析和模拟技术，客观地评估员工的绩效和能力。例如，虚拟仿真可以模拟真实工作场景，评估员工在特定情境下的表现。这种客观的绩效评估方式有助于提高评估的准确性和公正性。

④虚拟技术还可以在员工关系方面发挥作用。通过虚拟团队合作平台，员工可以远程协同工作、分享资源和进行交流。虚拟技术可以打破时空限制，促进跨地域和跨部门的合作，提升员工之间的沟通和协作能力。

三、人力资源管理信息系统建设

（一）人力资源管理信息系统的意义

人力资源管理信息系统以人力资源部门常态化工作为抓手，旨在通过制定各项人力资源业务的标准化流程，较大程度地减少重复性工作，提升人力资源部门直至企业的工作效率。信息系统融合了互联网技术与人力资源管理理论，让企业的人力资源管理工作从单一的提供信息变为了企业决策的来源和支撑，不仅促进了各个部门工作的有序推进，也促进了企业的发展与管理。人力资源管理信息系统不仅拥有先进的软件技术和硬件设备以及快速处理业务的能力，还能够实现数据的收集与共享，通过信息技术快速地处理和分析数据，为员工提供自助使用的平台，降低管理成本，提升综合效益。

人力资源管理信息系统建设既要符合企业发展的需要，又要满足时代进步的特点，要有效降低企业在管理上的投入，让人力资源管理定位更加准确。有了人力资源管理信息系统，就可以以信息化建模的方式代替人为思考和组织审批，提高人力资源管理的合理性，为企业的发展提供科学有效的借鉴。

（二）人力资源管理信息系统的功能模块

一般而言，人力资源管理信息系统包括六大模块。

第一，组织管理。

组织管理主要包括：组织机构管理，职位管理和职务管理。

组织机构管理：能够进行组织机构信息的维护、查询、显示等，对组织机构进行创建、撤销、合并和拆分。

职位管理：职位作为衔接组织架构与人员及职务体系与人员的中间桥梁，起着至关重要的作用，职位管理能够设置具有职位名称、任期、分类等属性的岗位。

职务管理：能够建立职务层级和序列体系，通过树形结构，体现员工的发展通道等功能。

第二，人员信息管理。

人员信息管理主要包括：员工信息及人事档案管理、劳动合同管理和任职情况管理。

员工信息及人事档案管理：包括基本信息和附加信息等，能够提供档案各类材料的登记和分析等功能。

劳动合同管理：包括合同的形式、期限、签订、变更、解除、终止合同等信息。

任职情况管理：能够记录人员的异动信息。

第三，考勤管理。

考勤管理主要包括：工作计划和考勤记录管理。

工作计划：能够记录员工工作计划信息。

考勤记录管理：能够进行缺勤记录管理和加班管理。

第四，薪资管理。

薪资管理主要包括：工资范围、工资项目、信息类型及核算模式等内容。

第五，招聘管理。

招聘管理主要包括：招聘需求与计划管理、应聘过程管理、招聘过程管理、录用审批管理和应聘者入职管理。

招聘需求与计划管理：能够提交岗位和人员需求，审批生成空缺岗位，确认招聘计划。

应聘过程管理：能够录入应聘人员的基本信息。

招聘过程管理：能够从人才库中挑选应聘者、筛选应聘者、安排招聘活动并记录面试结果。

录用审批管理：能够进行录用审批、查看录用审批结果、记录招聘费用等。

应聘者入职管理：能够将应聘者数据传输至员工信息库。

第六，培训管理。

培训管理主要包括：培训需求征集、培训计划制订、培训活动管理、记录培训过程管理、培训总结管理等。

(三) 人力资源管理信息系统的开发方法

1. 结构化系统开发方法

结构化系统开发方法，是基于系统工程的思维，按照用户至上的原则，通过自上而下进行分析和自下而上逐步实施，从而实现信息系统的建立。整个开发过程涵盖了相互联系的周期阶段，包括：

第一，系统规划阶段。即在用户需求的基础上，开展调研，发现问题，进而明确系统目标和结构框架，规划实施的阶段和进度，并对可行性进行研究和分析。

第二，系统分析阶段。即对企业的整体运作流程、产生的数据与功能之间的关系进行分析，进而得出逻辑方案和处理方法。

第三，系统设计阶段。即对系统的结构和框架、模块的功能以及所使用的数据库等进行设计。

第四，系统实施阶段。即程序员对系统进行编程，设计人员对企业人力资源员工进行培训，员工将企业数据进行录入，信息系统投入试运行等。

第五，系统维护阶段。即对系统的日常运行进行实时监控和维护，预防问题的发生。结构化开发方法的优点在于：由于系统的设计要求，每一个阶段都是前一个阶段完善的基础，因此，能够及时总结工作、发现问题并反馈修改，进而便于项目管理工作的开展；同时，该方法秉持着自上而下的观点，从全局的角度出发，在整体优化的基础上对系统进行分析，适用于较为复杂、较大规模的信息系统开发。

2. 原型法

原型法设计思路是在进行系统开发时，首先建立一个原型，这个原型能够反映出系统的特色，之后将该原型系统给用户进行试用，并与用户反复讨论，直至完全掌握用户需求，最终完成系统的设计。概括而言，原型法的开发过程涵盖四个阶段：①确定基本需求；②构造原始模型；③运行并评价模型，明确用户需求；④改进和完善模型。原型法更多的是以假设法来进行开端，更加适用于含有较多不确定因素的情境。

原型法的优点在于：更加符合实际需求，且开发原理简单易懂、操作流程简明；能够与用户直接沟通、切实了解用户需求；能够降低开发风险、提高开发效率。

3. 面向对象的开发方法

随着系统与用户之间关系的复杂程度日益增加，程序也在不断地扩大，当达到一定规模的时候，其复杂程度是程序员思想无法跟上的。为了解决这样的问题，人们研究出了面向对象的开发方法。该方法把系统的数据和操作相结合，编写一个个小的程序作为对象，在对其进行定义和操控的基础上，形成一个大的程序，进而实现对系统的设计。面向对象的开发方法为系统的分析提供了崭新的思路，其开发过程主要分为四个阶段。

第一，用户需求分析阶段。在此阶段，对用户当前的问题进行调查并挖掘其背后的空间，进而对信息系统的开发设计作出可行性分析，以分析结果为基础，对存在的问题及其空间再深入进行探究，作出精确的规划，明确系统设计的目标以及所涵盖的范围。

第二，面向对象分析阶段。在此阶段，通过前期的用户需求分析得出开发系统的目标、范围以及需求，进而使用统一的理论、方法和技术进行设计和建模，在问题的空间中建立逻辑模型。这个模型是以对象为基本单元的。

第三，面向对象设计阶段。在此阶段，根据面向对象分析阶段得出的结果，把接口对象纳入了设计范畴，形成了更为完整、清晰的模型。与此同时，还对子系统进行了详细的划分，明确各个子系统之间的关系，为建立子系统的结构框架图奠定了基础。

第四，面向对象系统实施阶段。在此阶段，主要涵盖三个步骤：程序设计，此步骤中主要是选取适合的程序开发语言并进行编码；程序测试，此步骤是对设计测试方案并通过测试不断修改完善；系统转换，在此步骤最终实现系统的完善。

面向对象的开发方法的优点在于：①跳出了传统的思维方式，把数据和操作看作一个个对象，实现了服务于功能属性的高度统一，有利于对问题及其空间进行详细的理解与系统的开发，有助于提高系统开发的质量和效率。②适应性强，能够适应情境变化带来的新要求。③可靠性强，鉴于此方法是由一个个独立的对象组成，因此具有较强的可靠性。

（四）人力资源管理信息系统建设的实施步骤

第一，建立高效的系统建设团队。作为组织的高层领导，需要提高对人力资源管理信息系统的重视程度，充分认识到人力资源管理信息系统对组织发展的积极作用，合理增加资金投入，为系统规划设计提供科学的指导及明确的要求，及时对系统建设及运用过程的问题进行处理。同时，需要选拔高素质、高水平的技术人员，建立一支专业水平较高的系统建设团队，加强各个部门、各个人员之间的沟通，使其能够做好本职工作，完成系统建设的任务要求。

第二，完善系统功能设计，按计划开发建设。在人力资源管理信息系统的建设过程，需要重视系统内容及功能的论证，加强与开发人员的沟通，借助模块设计使系统的整体功能达到要求，进而为系统应用及维护提供良好基础。同时，作为系统开发的主体，开发人员要及时将项目进展汇报给高层领导及系统建设团队，及时对系统建设过程的问题进行处理，保障项目的实施进度。

第三，做好数据转换，完成系统试运行。需要充分利用现代信息技术构建功能完善、容量充足的数据库，对已有的数据信息进行整合，对数据进行转换和保存。在进行数据转换的时候，管理人员要充分掌握系统的具体功能及其使用方法，对数据信息在不同模块能否快速转换和应用进行检验，使数据导入的准确性得到保障。同时，需要做好系统测试工作，对不同环境、不同用户的系统应用情况进行模拟，尤其要做好临界值以及系统与不同浏览器的兼容性测试。

第四，加强系统运行维护，重视人员培训工作。①为保证人力资源管理信息系统的正常运行，充分发挥信息系统在人力资源管理中的作用，需要做好系统运行维护工作。对数据信息进行实时更新，利用不同方式及介质做好数据信息的备份工作，根据实际情况对系统的计算公式及报表进行调整。②需要做好人员培训工作，不断提高系统运行维护人员的能力及素质，使其能够熟练掌握相关的专业知识及技能，进而及时对系统运行过程中的问题进行有效处理，使人力资源管理信息系统能够更好地服务于组织发展。

第二节　数字经济下人力资源管理范式的转型

一、数字经济的概念和主要发展规律

（一）数字经济的定义

数字经济是指以数字化的知识和信息为关键生产要素、以现代信息网络为重要载体、以信息通信技术的有效使用为效率提升和经济结构优化的重要推动力的一系列经济活动。互联网、云计算、大数据、物联网、金融科技与其他新的数字技术应用于信息的采集、存储、分析和共享过程，改变了社会互动方式。数字化、网络化、智能化的信息通信技术使现代经济活动更加灵活、敏捷、智慧。近年来，随着云计算、移动互联网、大数据、人工智能等数字技术的快速创新与应用，特别是互联网、数字化技术、传统产业的深度融合，推动着数字经济成为全球经济社会发展的重要引擎。

关于数字经济的构成目前还没有统一的说法，认可度较高的有三重划分方法和四化划分方法。三重划分方法将数字经济分为核心部分、狭义部分和广义部分。

第一层核心部分是指信息和通讯技术（ICT）。第二层即狭义的数字经济，主要是数据和数据技术的应用带来新的商业模式，其中比较突出的是平台经济模式，如电商、游戏、数字传媒等，也包括共享经济、零工经济等介于平台模式和传统经济活动之间的经济形态，是对传统商业模式的改造。第三层次的定义是广义数字经济，目前数字经济的发展已经涉及几乎所有的经济活动，从制造业到传统门店都在进行数字化转型。

从人力资源管理的角度，我们更关注狭义范围和广义范围的数字经济。广义范围涉及数据应用对效率和结构的普遍性的影响。狭义范围内我们更关注平台经济下人力资源管理的转型与发展，对平台经济模式的理解对于我们分析数字经济下的人力资源管理至关重要。

（二）数字经济的发展

纵观世界文明史，人类经历了农业革命、工业革命、信息革命，每一次产业技术革命都给人类的生产生活带来了巨大而深刻的影响。农业革命增强了人类的生存能力，使人类从采食捕猎走向栽种畜养，从野蛮时代走向文明社会。工业革命增强了人类的体力，以机器取代了人力，以大规模工厂化生产取代了个体工场手工生产，极大地推动了生产力、科技和物质文明的发展。信息革命则增强了人类的脑力，生产力和生产关系实现了质的飞跃，开启了数字经济的新时代。数字经济是继农业经济、工业经济之后的更高级的经济发展阶段。

数字经济的发展与数字技术或信息技术的发展历程息息相关，可将其分为三个演进阶段：一是电子计算机时代，二是互联网时代，三是数字化时代。从 20世纪 40 年代至今，信息技术引领着新一轮科技革命，并不断推动技术演进，创造出了新的产品和新的服务形态，无论是电子计算机的划时代发明，还是互联网的诞生和普及带来的广泛联接性，抑或是近年来兴起的大数据等新兴技术所预示和导向的智能化前景，都不断推进着数字经济的演化和发展。

数字技术向各类产业部门的深入渗透，成为企业获取数字时代持续竞争力的迫切选择。在万物互联的背景中，数据的价值进一步凸显，数字化的知识和信息成为关键生产要素，企业和政府纷纷以数字技术创新为核心驱动力，通过数字技术与实体经济深度融合，不断提高传统产业数字化、智能化水平，加速重构经济发展与政府治理模式的新型经济形态。在这种背景下，企业的生产、组织、营销模式都在加速变革，企业开展数字化转型成为未来发展的新趋势。

（三）数字经济的规律

数字经济有其基本的发展规律，包括规模经济效应、范围经济效应、双边市场效应、梅特卡夫法则、摩尔定律、达维多定律，分别代表着数字经济的创新、网络、数据、算力和算法的进步法则。

1. 规模经济效应

规模经济效应是指在一定的范围内，随着产品产量的增加，其单位平均成本不断下降，即扩大了产品经营收入的规模，降低了单位产品的平均成本，提高了利润。

2. 范围经济效应

范围经济是指当一个企业从专攻一种产品转而生产多种产品时，即当企业的生产经营范围扩大时平均成本下降的一种经济现象。范围经济就是企业在经营过程中扩大其经营范围，由生产单一产品或提供单一服务发展到生产多种产品或提供多种服务时，其成本得到降低、利润得到提高、效益得到提升的经济效应。

3. 双边市场效应

一个双边市场一般包含两个方面：一是市场中有两种类型的用户（如卖家和买家），它们通过一个中介机构（如小商品市场）或平台（如打车平台）来进行交易；二是一边用户的决策会影响另一边用户。双边市场效应则是指不同类型用户之间的正反馈交互所创造的价值。其中，交互关系发生在不同类型间（如平台司机和用户间的交易），而同类用户间没有发生交互（如司机和司机间、用户和用户间）。由于平台卖方或买方用户规模的扩大，平台中不同类型用户间的信息交互和交易数量增多，交易费用降低，从而形成不断的正反馈交互效应。

4. 梅特卡夫法则

梅特卡夫法则是指一个网络的价值等于该网络内的节点数的平方，而且该网络的价值与互联网的用户数的平方成正比。这里"网络"的概念不仅限于计算机网络和通信网络，我们可以把它推广到经济网络、社会网络中来看它的普遍意义。梅特卡夫揭示了数据信息与实物本质上的不同，网络的使用者也是数据的生产者和使用者，数据的生产者和使用者越多，网络中存在的信息和数据的价值越大。

5. 摩尔定律

摩尔定律是指当价格不变时，集成电路上可容纳的元器件的数目，每隔 18 至 24 个月便会增加一倍，性能也将提升一倍。换言之，每一美元所能买到的电脑性能，在每隔 18 至 24 个月将提升一倍以上。这一定律展现了信息技术进步的速度。

6. 达维多定律

数字经济基于其规模经济、双边市场效应和梅特卡夫法则，容易产生垄断，这种创新所带来的垄断往往能带来超额收益。达维多定律认为，一家企业如果要在市场上占据主导地位，就必须率先开发出新一代产品。进入市场的第一代产品能够自动获得 50% 的市场份额。达维多定律体现的是网络经济中的马太效应，正是这种市场规律，推动着企业不断追求技术创新，使信息技术和数字经济加速进步。企业只能依靠创新所带来的优势来获得高额的 "创新利润"，而不能试图通过维持原有的技术或产品优势获得更大发展，要保持领先，就必须时刻否定并超越自己。

总的来说，规模经济效应、双边市场效应、梅特卡夫法则在传统经济领域也广泛存在。但是，由于信息和数据产品的表现形式具有虚拟性和非竞争性，所以信息的流动和耗用成本几乎为零，这使得数字经济下的这些效应被显著放大。人与人的互联使信息和数据不断互动，提升了信息和数据本身的价值。比如许多人都可以下载 "微信"，使用微信的人越多，微信的网络价值就越大。

摩尔定律推动着硅基文明的进步，梅特卡夫法则推动着世间万物以网络外部性的乘数效果加以连结，信息和数据的价值不断增加；达维多定律驱动着人类技术创新脚步的相互追赶，提升了算法能力，数字经济各项定律的综合作用，终于造就了一个充满了无数商机及成长潜力的数字经济新世界。

二、数字化人力资源管理的变革转型

(一) 人力资源管理理念与范式变革

数字化时代的人力资源管理与传统人力资源管理的区别远非工具之异，而是在目的、对象、手段、工具乃至思维方面都存在着差异。

在企业外部，数字化为企业带来了与客户进行即时交互的可能，借助数字化手段，粉丝群取代了以往企业经营中抽象的客户群体，企业的一线员工也比以往更加紧密地与客户群、粉丝群进行交互，环境和客户对企业的敏捷性、灵活性的要求大大提高，这就要求组织不断对员工个体进行激励、授权，以提升其解决问题的能力与速度。在企业内部，借助于数字化带来的信息透明、扁平沟通，信息交互成本大大降低，给组织方式、运营方式和流程都带来了巨大的重构空间。组织内外部的变革，使人力资源管理的焦点和假设也有了根本的不同。

管理行为的变化中最根本的是人力资源管理理念的变革。在内外部适应的要求下，人力资源管理的理念在组织和个体两个层面需要彻底的革新。

1. 组织层面的人力资源管理理念变革

早在 20 世纪六七十年代，组织发展理论的先驱沃伦·本尼斯（Warren G. Bennis）就认为，随着科学的飞速进步、智能技术的迅猛发展以及研究开发活动的日益增多，外部环境正在被重塑，这对层峰组织结构体系提出了新的挑战：第一，层峰体系无法解决个人目标与组织目标的矛盾冲突；第二，更严重的挑战来自环境，科学技术革命引起的环境变革要求组织具有很强的适应能力，其结果必然是层峰体系的逐渐崩溃。

在本尼斯看来，旧式的"指挥与控制"注定将被淘汰，未来的组织结构将是有机的适应性组织。组织将变成适应性极强的、迅速变化的临时性系统，围绕着有待解决的各种问题设置机构，解决工作问题要依靠由人员组织而成的群体。工作群体的构成是有机的，而不是机械的，谁能解决工作问题谁就发挥领导作用，无论他预定的正式角色是什么。在这种有机适应性组织结构里面，工作任务将变得更有意义，更具有专业性，也更令人满足，专业人员能得到更多的激励，让组织目标和个人目标更吻合，从根本上解决内部协调问题。

简要而言，组织要从机械式的分工组织体系向互联协同的有机式合作组织体系演变，组织的指令和信息交互方式也将从以自上而下为主，转向授权自主和透明沟通。

2. 个体层面的人力资源管理理念变革

工业时代的企业强调自上而下的贯彻与执行，强调效率、控制与标准化，通过设定目标、衡量目标和目标奖励进行管理；而对于处于知识经济和信息时代的企业而言，则通过对话达成对目标的认同与共识，企业容忍一定的模糊或失序，鼓励个体的差异，管理方式更加扁平、透明与去中心化，以释放员工活力。

人力资源管理理念变革的主题更加围绕着组织进化与变革、团队敏捷与适应、个体创新与发展、文化凝聚与指引、信息分享与透明等进行，组织更加扁平，变革的目的在于使创新的力量来自每一个平凡的个体。

（二）人力资源管理职能数字化转型

人力资源职能的数字化转型的目标包括助力企业提升运营效率（efficiency）、优化员工体验（experience）、建立情感连接（engagement）三个方面。

数字化人力资源管理职能转型后的具体工作主要包括三个方面：一是数字化的人力资源管理职能转型（Digital HRM），二是数字化的转型氛围和人才队伍（Digital HR），三是数字化的工作关系和协同方式（Digital Workplace）。

1. 数字化人力资源管理职能转型

企业在运营和管理的过程中，持续积累着包括人力资源数据在内的各类企业的经营数据，这些数据正在逐渐转变为企业重要的生产要素。借助于数字化手段，人力资源管理能够掌握更加广泛的业务需求，将员工行为数据的采集与企业经营效能的提升、人力资源管理效果的提升紧密连接，从而使人力资源管理更高效、更精准。

人力资源管理职能的数字化转型包括数据、流程、服务、人才、组织与思维六个方面，它们之间相辅相成，形成有机的统一平台，对内支撑 HRBP、COE、SSC，对外助力员工。六方面转型的具体内容如下。

一是在数据方面，建设数据资源与平台，建立基于数据的决策方式。

二是在流程方面，将数字技术全面融入人力资源职能中，提升人力资源运营效能。

三是在服务方面，搭建 HRSSC 数据平台，提升员工服务体验与服务效率。

四是在人才方面，适应用工方式的多样化趋势，丰富雇佣关系和管理方式。

五是在组织方面，利用数字化 HR 推动组织变革。

六是在思维方面，培养人力资源设计与运营思维，实现 HR 交付模式的转变。

在互联网和平台经济对传统商业模式的颠覆中，强调通过产品的极致设计和运营提升用户的体验，以取得成功，这被称为互联网思维。互联网思维启发了人力资源部门，人力部门也要像业务部门一样运作，如工程师一般强调产品体验和用户感知。从组织角度而言，互联网思维为员工营造了更加积极的工作环境，并创造了更积极的个人体验，成为发展和保留员工的关键之举。为了让员工有更好的体验，要对员工抱有客户思维，把员工当作公司产品的客户，把 HR 职能当作产品。

组织要比以往更加重视员工的体验与情绪，注重运用设计思维，以员工为设计和体验的中心，以战略和业务目标为人力资源运营的目标，将人力资源职能有效转变为人力资源产品和服务。

HR 的思维逻辑将由职能思维转型为设计思维、产品思维、运营思维、体验思维。在典型工作场景中，HR 常常会作为产品经理参与到各类项目中，以数字化的方式分析问题和解决问题，不断学习，保持对新事物的敏锐度，从产品交付的角度思考各类人力资源策略方案，从产品运营的角度来完成人力资源政策的实施与交付。

2. 数字化的转型氛围和人才队伍

(1) 数字化转型的文化和氛围建设

数字化转型是企业传统心智模式的一次变革，数字化人才的培养与数字化能力的发挥，依赖于企业数字化转型的氛围。组织文化是企业数字化转型过程中面临的较为严峻的挑战。实现数字化转型在很大程度上也需要企业员工养成使用人力资源技术工具的习惯，同时具备数字化的意识。

一方面，HR 人员要在长期的运营中重视用户的反馈，以工作效率和服务体验的提升来展现自身的价值，赢得企业各层人员的认可与重视。另一方面，企业需要自上而下加强对数字化转型升级的必要性及紧迫性的认识，高管人员要以身垂范，带头推动数字化转型，构建数字化的企业文化，培养用户使用习惯。通过打造敏捷、赋能的组织模式，推动组织结构、管理运营体系、绩效管理体系、多元用工模式等的变革。

（2）数字化转型的人才队伍建设

数字化的人才指由数字化的工具和资产武装起来的具有数字化意识的员工，员工应该具备用数字化工具工作和解决问题的意识和习惯。数字化人才一般包括三类：数字化领导者、数字化应用人才和数字化专业人才。同时，未来人力资源部门和人力资源行业还需要人力资源的计量专家和人力资源数据研究专家，帮助企业挖掘人力资源与客户资源数据背后的商业规律，人力资源部门的各类专家既要懂数据、懂技术，也要懂业务、懂人心、懂运营。

（3）数字化转型的人才能力建设

企业的数字化转型战略要求企业发展一系列新的数字化能力，如数字化领导力和数字化商业运营、品牌建设、数字化营销、数据分析等专业技能。数字化转型需要全体员工提高数字化工作的意识、能力，关注现有员工数字化心智模式的建立和能力的培养。在数字化体系建设强大的数据后台的基础上，员工要善于使用数据工具和手段，挖掘数据信息，以助力业务运营。

3. 数字化的工作关系与协同方式

数字化技术日益渗透我们的工作和生活，工作和生活的时间区隔，也由于移动办公工具的使用，界限开始模糊。数字化同时也重构了工作空间场所、工作关系和工作协同方式，主要表现在以下三个方面。

一是在各类移动技术的支撑下，能够建设有利于信息透明共享、团队合作和激发创意的物理工作环境，如利用飞书、钉钉、企业微信等工作社交工具重构员工之间的"协同网络"，提升员工的工作体验与团队工作效率。

二是发挥数据在提升人力资源管理服务方面的价值，让 HR 系统更加敏捷，实现快速迭代。它可为管理者提供人力资源数据经营驾驶舱和仪表盘，推进经营数据反馈进度，提升人员工作效率；为员工提供全面、及时和个性化的人力资源服务，更好地维系以价值为纽带的员工关系。

三是在技术进步和算法进步的驱动下，如在自然语言处理、人脸识别、其他 AI 技术等的支持下，人力资源管理的工具将进一步迭代更新，一些技术手段将更好地提升人力资源管理的专业深度和工作效率。

第三节　新时期人力资源管理的优化实践

一、招聘选拔协同发展

招聘选拔协同是指人力资源部门与招聘部门之间的紧密合作。人力资源部门需要与招聘部门密切合作，确保招聘选拔的流程和标准符合企业的要求，以吸引和选拔到适合岗位要求的人才。

（一）招聘选拔管理与人力资源高质量协同发展的理论机理

第一，招聘选拔管理的有效实施有助于构建组织与员工之间的良好匹配关系。通过精心设计和执行招聘选拔过程，组织可以吸引和选拔到适合岗位要求的人才，从而实现组织需求与员工能力之间的良好匹配。这种良好的匹配关系能够提高员工的工作满意度，进而提高员工的工作绩效和组织绩效。

第二，招聘选拔管理可以有效提高组织的人力资源质量。通过严格的选拔程序和标准，招聘选拔管理可以筛选出具有较高素质和能力的员工，为组织提供了高质量的人力资源。高质量的人力资源具备良好的专业知识和技能，能够更好地适应组织的变化和发展需求，为组织创造竞争优势。

第三，招聘选拔管理与人力资源高质量协同发展之间存在着相互促进的关系。招聘选拔管理的有效实施为人力资源的高质量发展提供了基础，而高质量的人力资源则为招聘选拔管理的成功实施提供了保障。这种相互促进的关系使得组织能够实现人力资源的持续优化和发展，为组织的长期成功奠定坚实的基础。

第四，招聘选拔管理还可以提升组织的创新能力和竞争力。通过有效的招聘选拔管理，组织可以吸引到具有创新思维和能力的人才，激发组织内部的创新活力。这些具有创新能力的员工可以为组织带来新的想法和方法，推动组织在市场竞争中取得优势地位。

总之，招聘选拔管理与人力资源高质量协同发展的理论机理主要包括良好的匹配关系构建、人力资源质量提升、相互促进关系和创新能力提升。通过深入理解和应用这些机理，组织可以有效地实现招聘选拔管理与人力资源的协同发展，从而提升组织的绩效和竞争力。

（二）招聘选拔管理与人力资源高质量协同发展的路径选择

以下是一些实现招聘选拔管理与人力资源的高质量协同发展路径选择的建议：

第一，策略与规划。确保招聘选拔管理与人力资源的协同发展需要在整体战略和规划的基础上进行。明确组织的人力资源需求，并将其与招聘选拔策略相结合，以确保员工的技能、经验和背景与组织的目标和价值观相匹配。

第二，流程优化。优化招聘选拔流程，确保高效和高质量的招聘结果。使用先进的招聘工具和技术，如在线招聘平台、应聘者筛选工具和面试评估工具，以提高招聘的效率和准确性。

第三，合适的选拔工具。采用多种选拔工具和方法，以全面评估候选人的能力和适应性。这可能包括面试、测验、案例分析、参观日等，确保选拔过程公正、准确和客观。

第四，培训发展。建立完善的培训发展计划，以提高员工的技能和能力。为新员工提供入职培训，并为现有员工提供持续的专业培训和职业发展机会。这将有助于提高员工绩效和降低人员流失率。

第五，数据驱动决策。利用数据和分析来指导招聘选拔管理和人力资源决策。收集和分析有关候选人来源、选拔工具效果和员工绩效的数据，以识别成功的招聘渠道和选拔策略，并为未来的招聘选拔决策提供依据。

第六，沟通与协作。建立良好的沟通渠道和协作机制，促进招聘选拔管理与人力资源之间的合作。确保招聘和人力资源团队之间的信息共享和协同工作，以便更好地满足组织的人力资源需求。

第七，持续改进。进行定期的评估和反馈，以持续改进招聘选拔管理和人力资源实践。定期评估招聘选拔过程的效果，并根据反馈和数据作出相应的调整和改进。

总之，招聘选拔管理与人力资源的协同发展需要全面考虑组织的战略目标、员工需求和市场趋势。同时，灵活性和持续的学习也是关键，以适应不断变化的环境和需求。

二、培训发展协同发展

培训发展协同是指人力资源部门与培训部门之间的协同工作。人力资源部门需要与培训部门密切配合，根据企业的培训需求和员工的发展需求，制订培训计划和发展路径，确保培训发展活动能够提升员工的能力和素质，与企业发展相契合。

（一）培训发展管理与人力资源高质量协同发展的理论机理

在现代组织中，培训发展管理和人力资源管理是两大关键要素，它们能够推动组织的高质量协同发展。这些领域的理论机理涉及组织中人力资源的获取、培养、发展和管理等方面，旨在提高员工的绩效和组织的竞争力。

第一，培训发展管理对于人力资源的高质量协同发展起着重要的作用。培训和发展是组织不断提高员工技能和知识水平的关键手段。通过培训，员工可以获取新的知识和技能，提高工作效率和绩效水平。在组织中，培训和发展可以帮助员工适应变化的工作环境和技术要求，提高工作适应能力和创新能力。同时，培训和发展也能够激发员工的积极性和工作动力，增强员工对组织的归属感和忠诚度。

第二，人力资源管理的有效实施也是高质量协同发展的关键因素。人力资源管理包括人才招聘、员工绩效管理、薪酬福利等方面的内容。在人才招聘方面，组织需要根据自身的战略目标和人力资源需求，制订合适的招聘计划，吸引和选拔符合组织要求的人才。员工绩效管理则通过设定明确的目标和绩效评估体系，激励员工持续提高绩效水平。此外，适当的薪酬福利政策也能够提高员工的满意度和积极性，增强员工对组织的认同感和凝聚力。

第三，培训发展管理与人力资源高质量协同发展的理论机理还涉及组织文化和领导力的影响。组织文化是组织的核心价值观和行为准则，能够塑造员工的行为方式和工作态度。通过培训和发展，组织可以传递和强化组织的核心价值观和文化，促使员工与组织价值观的契合。领导力在培训发展管理中也起着至关重要的作用。有效的领导力可以激发员工的潜力，推动组织的创新和变革。领导者应具备良好的沟通和激励能力，能够激发员工的学习兴趣和动力，营造积极的学习氛围。

第四，培训发展管理与人力资源高质量协同发展的理论机理还需要建立有效的评估和反馈机制。组织应该建立有效的培训评估和反馈机制，及时了解培训效果和员工的需求，不断优化培训计划和方法。同时，通过定期的员工绩效评估和反馈，可以发现员工的潜在问题和发展需求，为员工提供进一步的发展机会和支持。

总之，培训发展管理与人力资源高质量协同发展的理论机理包括培训和发展的作用、人力资源管理的实施、组织文化和领导力的影响，以及有效的评估和反馈机制。这些机理相互作用，共同推动组织和员工的持续成长和发展，实现高质量协同发展的目标。组织应该充分重视培训发展管理和人力资源管理的重要性，不断优化管理机制和方法，提升组织的绩效和竞争力。

(二) 培训发展管理与人力资源高质量协同发展的路径选择

第一，确定战略目标。企业应明确自己的战略目标和发展方向，将培训发展管理与人力资源的策略相衔接。只有这样，培训发展计划才能真正服务于组织的长远发展。

第二，制订综合培训计划。企业应制订全面的培训计划，包括新员工培训、职业发展计划、技能培训等。这些计划应该根据不同员工的需求和岗位特点进行个性化设计，确保培训的针对性和有效性。

第三，建立培训评估机制。企业应建立培训评估机制，并对培训效果进行评估和反馈。通过评估结果，及时调整培训计划，确保培训发展管理的持续改进和优化。

第四，强化绩效管理。企业应建立科学的绩效管理体系，将培训和发展与绩效考核相结合。通过设立明确的目标和指标，激励员工积极参与培训和发展活动，并将其成果与绩效考核结果相挂钩。

第五，建立学习型组织文化。企业应倡导学习型组织文化，鼓励员工不断学习和创新。通过分享知识、提供学习资源和激励机制，营造一个积极的学习环境，促进员工的个人成长和提升组织的创新能力。

总之，培训发展管理与人力资源的高质量协同发展是企业实现持续竞争优势和可持续发展的重要路径选择。通过制定明确的战略目标、建立全面的培训计划、建立科学的绩效管理体系和倡导学习型组织文化，企业可以实现培训发展管理与人力资源的良好协同，从而提升员工的综合素质和组织的竞争力，实现共同发展的目标。

三、绩效管理协同发展

绩效管理协同是指人力资源部门与绩效管理部门之间的协作。人力资源部门需要与绩效管理部门共同制定绩效评估指标和标准，确保绩效评估的公平性和准确性，并根据绩效评估结果制定相应的激励和奖惩措施，以推动员工的持续发展和提高整体绩效。

（一）绩效管理与人力资源高质量协同发展的理论机理

人力资源的高质量协同发展需要绩效管理的支持和引导。首先，绩效管理可以帮助组织明确目标和期望，为员工提供明确的工作任务和角色职责，从而提高工作的清晰度。同时，绩效管理还可以建立明确的绩效评价体系，通过定期的绩效评估和反馈，帮助员工了解自己的工作表现，并及时进行调整和改进。这样一来，员工的工作动力和责任感就会得到激发，从而提高他们的工作绩效。

第一，绩效管理可以促进员工的个人发展和学习。通过与员工进行绩效评估和个人发展规划，可以帮助他们认识自己的优势和不足，并为他们提供相应的培训和发展机会。这不仅有助于员工个人的成长，也可以提高他们在工作中的表现和能力，进而对组织的整体绩效产生积极的影响。

第二，人力资源的高质量协同发展也可以促进绩效管理的有效实施。①人力资源管理可以通过制定合理的激励机制，激发员工的工作积极性和创造力，从而提高他们的绩效水平。例如，通过设立奖励机制，可以激励员工在工作中表现出色。②人力资源管理还可以通过合理的人员配置和团队建设，提高团队的协同效能，从而增强绩效管理的效果。良好的团队合作氛围和有效的沟通机制，可以促进员工之间的合作和信息交流，有助于解决问题和提升绩效。

（二）绩效管理与人力资源高质量协同发展的路径选择

绩效管理与人力资源的高质量协同发展是促进组织成功的关键要素之一。为了实现这一目标，组织可以选择以下路径：

第一，设定明确的目标和期望。组织应该明确制定战略目标，并将其转化为具体的部门和个人目标。这些目标应该是可衡量的，以便进行有效的绩效评估和监测。同时，组织还应该与员工进行充分的沟通和协商，确保他们理解和接受这些目标，并为其实现这些目标提供支持。

第二，建立科学的绩效评价体系。组织应该建立科学、公正、可靠的绩效评价体系，以客观地评估员工的绩效水平。这包括制定明确的评价标准和指标，并为评估者提供培训和指导，确保评价的准确性和公正性。同时，应将评价结果及时反馈给员工，并为他们提供改进和发展的机会。

第三，提供全面的培训和发展机会。组织应该为员工提供广泛的培训和发展机会，以提高他们的工作技能和知识水平。这包括内部培训、外部培训和跨部门交流等方式。同时，组织还应该制定个人发展规划，与员工共同探讨他们的职业目标和发展方向，并提供相应的支持和指导。

第四，建立有效的激励机制。组织应该设计并实施合理的激励机制，以激发员工的工作积极性和创造力。这可以包括薪酬激励、非金钱激励和提供职业发展机会等方面。同时，激励机制应该与绩效评价挂钩，确保激励的公平性和可持续性。

第五，加强团队合作和沟通。组织应该鼓励和促进员工之间的团队合作和信息交流。这可以通过定期组织团队活动、建立有效的沟通渠道和分享最佳实践等方式实现。良好的团队合作和沟通氛围可以增强员工之间的协同效能，提高整体绩效水平。

总之，绩效管理与人力资源高质量协同发展的路径选择包括设定明确的目标和期望、建立科学的绩效评价体系、提供全面的培训和发展机会、建立有效的激励机制，以及加强团队合作和沟通。通过这些路径的选择和实施，组织可以实现绩效管理与人力资源的协同发展，从而提高整体绩效水平，取得持续的竞争优势。

四、员工关系协同发展

员工关系协同主要指的是在企业或组织内部，通过有效的沟通、合作与协调机制，促进员工之间以及员工与管理层之间的良好互动和协作。

（一）员工关系管理与人力资源高质量协同发展的理论机理

第一，员工关系管理和人力资源高质量协同发展可以提升员工的工作满意度和组织认同感。员工关系管理强调建立积极的员工关系，通过沟通、参与和公正的决策过程来提升员工的参与感和归属感。人力资源管理应注重员工的发展和激励，通过提供培训、晋升机会和绩效奖励等方式来满足员工的个人成长需求。当这两个方面得到有效整合时，员工将感到被认可和重视，从而能够更好地投入到工作中，并为组织取得更好的绩效。

第二，员工关系管理和人力资源高质量协同发展可以提升组织的沟通效果和决策质量。良好的员工关系管理可以打破组织内部的沟通障碍，促进信息的流动和共享。而人力资源管理的目标是建立有效的沟通渠道和反馈机制，使员工和管理层之间的信息传递更加顺畅。当员工关系管理和人力资源管理在沟通方面相互支持时，组织就可以更好地获取员工的意见和建议，从而提升决策的质量。

第三，员工关系管理和人力资源高质量协同发展可以提升组织的创新能力和适应性。员工关系管理注重建立开放、包容的工作环境，鼓励员工提出新的想法和创新。而人力资源管理则为员工提供培训和发展机会，帮助他们提升技能和适应组织变革。当这两个方面相互融合时，组织就能够吸引和留住具有创造力和适应性的人才，促进组织的创新能力和竞争力的提升。

第四，员工关系管理和人力资源高质量协同发展可以提升组织的绩效和竞争优势。通过建立良好的员工关系，能够提高员工的工作满意度和忠诚度，降低员工的离职率。而人力资源管理的目标是优化员工的配置和激励，确保组织能够拥有一支高素质的员工队伍。当员工关系管理和人力资源管理相互支持时，能够发挥员工的最大潜力，提升组织的绩效和竞争优势。

总之，员工关系管理和人力资源高质量协同发展可以提升员工的工作满意度和组织认同感、提高组织的沟通效果和决策质量、增强组织的创新能力和适应性，以及提升组织的绩效和竞争优势。这些理论机理为我们理解员工关系管理与人力资源高质量协同发展的重要性提供了有力的解释。

（二）员工关系管理与人力资源高质量协同发展的路径选择

员工关系管理与人力资源的高质量协同发展需要明确路径选择和有效的实施策略。在实践中，可以采取以下几个方面的路径选择来实现员工关系管理与人力资源的协同发展。

第一，建立共同的目标和价值观是实现协同发展的基础。组织应明确员工关系管理和人力资源管理的共同目标，例如提升员工的工作满意度、增强组织的竞争力等。同时，组织应明确共同的价值观，如公平、公正和透明等，以确保员工关系管理和人力资源管理在实践中能够相互支持和促进。

第二，建立有效的沟通和反馈机制是实现协同发展的重要手段。组织应建立开放、透明的沟通渠道，使员工能够自由表达意见和建议。同时，组织应建立及时的反馈机制，将员工的反馈纳入人力资源管理的决策过程中。通过这样的机制，员工关系管理和人力资源管理可以实现信息的共享和互动，从而实现更好的协同发展。

第三，整合员工关系管理和人力资源管理的实践是实现协同发展的重要途径。组织应将员工关系管理和人力资源管理纳入绩效管理体系，确保两者的实践相互协调和相互促进。例如，在绩效评估中，除了考虑员工的工作业绩，还应考虑员工的关系建设和团队合作等方面的贡献。通过整合实践，可以实现员工关系管理和人力资源管理的有机结合，提升组织的绩效和竞争力。

第四，培养和发展组织内部的专业人才是实现协同发展的重要保障。组织应注重员工关系管理和人力资源管理的人才培养，为员工提供相关的培训和发展机会。同时，组织也应建立相应的激励机制，以吸引和留住具有员工关系管理和人力资源管理专业知识的人才。通过培养专业人才，可以提升员工关系管理和人力资源管理的能力，进而实现协同发展的目标。建立共同的目标和价值观、有效的沟通和反馈机制、整合实践，以及培养和发展专业人才是实现员工关系管理与人力资源高质量协同发展的路径选择。组织可以根据自身情况和需求，灵活地选择和实施这些路径，以实现协同发展的目标。

　　总之，人力资源高质量协同发展需要在战略、招聘选拔、培训发展、绩效管理和员工关系等方面实现协同，以提升组织的整体绩效和员工的满意度。

参考文献

[1] 靳娟. 数字化人力资源管理 [M]. 北京：首都经济贸易大学出版社，2024. 04.

[2] 林丽琼，许皓，张云. 人力资源管理理论与实践创新研究 [M]. 北京：中国书籍出版社，2024. 01.

[3] 闫芃燕. 新时期人力资源管理体系的构建与创新优化 [M]. 北京：中国原子能出版社，2024. 03.

[4] 周丽，王珏珽，朱王海，彭达枫，余腾夏. 科技人力资源管理 [M]. 武汉：武汉大学出版社，2023. 01.

[5] 陈静，牟锐，张敬科. 人力资源管理与实践研究 [M]. 长春：吉林科学技术出版社，2023. 06.

[6] 李继红，王振荣，刘金辉. 知识经济时代下的人力资源管理研究 [M]. 北京：中国商务出版社，2023. 05.

[7] 田克娜，王菲，周宏志. 人力资源开发与管理研究 [M]. 长春：吉林科学技术出版社，2023. 05.

[8] 吴艳华. 企业管理与人力资源建设研究 [M]. 北京：中国商务出版社，2023. 05.

[9] 狄晶，董倩. 人力资源开发与管理理论实务探究 [M]. 长春：吉林人民出版社，2023. 07.

[10] 廖惠芳，卓炫彬. 人力资源管理与应用研究 [M]. 长春：吉林人民出版社，2023. 08.

[11] 杨正宇，古家军. 人力资源管理实践教程 [M]. 上海：上海交通大学出版社，2023. 03.

［12］张汉斌，栾亚丽，谷宁. "互联网+"时代下的人力资源管理与创新 ［M］. 长春：吉林科学技术出版社，2023．06.

［13］孙帅. 网络经济时代人力资源管理研究 ［M］. 北京：线装书局，2023．08.

［14］李明哲，张玲. 中小企业发展与人力资源管理 ［M］. 长春：吉林人民出版社，2023．10.

［15］张建光，栗丽华，魏雪琴. 人力资源管理探索与实践研究 ［M］. 广州：广东人民出版社，2023．10.

［16］严肃. 人力资源管理最常用的 83 个工具 ［M］. 北京：中国纺织出版社，2010．06.

［17］张岚，王天阳，王清绪. 企业高绩效 人力资源管理研究 ［M］. 长春：吉林文史出版社，2022．08.

［18］郑磊磊. 人力资源管理从入门到精通 ［M］. 北京：民主与建设出版社，2022．04.

［19］邵丹萍. 社会责任型人力资源管理理论和实践研究 ［M］. 北京：九州出版社，2022．12.

［20］刘大伟，王海平. 高质量发展视域下企业人力资源管理伦理研究 ［M］. 武汉：华中科技大学出版社，2022．12.

［21］王君萍. 现代企业人力资源管理实操教程 ［M］. 上海：同济大学出版社，2022．12.

［22］梁金如. 人力资源优化管理与创新研究 ［M］. 北京：北京工业大学出版社，2022．07.

［23］刘敬涛，叶明国. 企业管理与人力资源战略研究 ［M］. 北京：中国原子能出版社，2022．12.

［24］焦艳芳. 人力资源管理理论研究与大数据应用 ［M］. 北京：北京工业大学出版社，2022．01.

［25］徐祥芸. 战略人力资源管理与企业竞争优势研究［M］. 青岛：中国海洋大学出版社，2022. 12.

［26］彭良平. 人力资源管理［M］. 武汉：湖北科学技术出版社，2021. 09.

［27］郭云贵. 人力资源管理（慕课版）［M］. 武汉：华中科技大学出版社，2021. 08.

［28］杨少杰. 人力资源管理演变（揭示组织发展与变革基本纪律）［M］. 北京：中国法制出版社，2021. 09.

［29］郎虎，王晓燕，吕佳. 人力资源管理探索与实践［M］. 吉林人民出版社，2021. 07.

［30］彭剑锋. 人力资源管理概论（第 3 版）［M］. 上海：复旦大学出版社，2018. 11.